Borderline

Borderline

Mauro Hegenberg

c coleção
c clínica
p psicanalítica

Borderline

Copyright © 2021 Artesã Editora

8ª edição 2ª Reimpressão Setembro 2025

É proibida a reprodução total ou parcial desta publicação, para qualquer finalidade, sem autorização por escrito dos editores.

Todos os direitos desta edição são reservados à Artesã Editora.

DIRETOR
Alcebino Santana

DIREÇÃO DE ARTE
Tiago Rabello

REVISÃO
Silvia P. Barbosa

CAPA
Artesã Editora

DIAGRAMAÇÃO
Conrado Esteves

H462   Hegenberg, Mauro.
            Borderline / Mauro Hegenberg. – 8. ed. – Belo Horizonte : Artesã, 2025.
            128 p. ; 21 cm. – (Clínica psicanalítica)
            ISBN: 978-65-86140-72-9

            1. Distúrbios da personalidade borderline. 2. Psicanálise. 3. Psicopatologia. I. Título.

                                                  CDU 159.964

Catalogação: Aline M. Sima CRB-6/2645

IMPRESSO NO BRASIL
Printed in Brazil

📞 (31)2511-2040   💬 (31)99403-2227
🌐 www.artesaeditora.com.br
📍 Rua Rio Pomba 455, Carlos Prates - Cep: 30720-290 | Belo Horizonte - MG
📷 📘 /artesaeditora

Agradecimentos

A Gilberto Safra, pelas opiniões – fundamentais – sobre o livro e pelo prefácio; a Flávio Carvalho Ferraz e a Mario Pablo Fuks, pela lembrança e pelo convite para escrever este livro; a Carolina Bacchi, a Marcia Porto Ferreira e a Simone M. O. Fazion, pela leitura e pelas valiosas sugestões fornecidas ao texto; a Érica e Paulo Gallucci, pela paciência que tiveram em me escutar falar sobre *borderline* e pelo tempo disponível que me permitiram ter com o livro; a Cláudia Paula Santos, que me acompanhou durante longo tempo no árduo caminho com o paciente *borderline*; aos meus pacientes, sem os quais este livro não seria possível.

1 Apresentação 11
O *borderline* e o momento atual 12
Terminologia 15
Definição 17
Exemplo clínico 21

2 Contribuições da psicanálise na compreensão do *borderline* 33
Sigmund Freud 34
Otto Kernberg 37
Jacques Lacan 39
Jean Bergeret 40
André Green 42
Donald Winnicott 43
Observação 46

3 Reconhecendo o *borderline* 47
Angústia de separação 47
Identidade 50
Clivagem 55

Narcisismo 59
Agressividade 62
Impulsividade 66
Suicídio 70

4 *Borderline* e outros quadros psicopatológicos 75
O *borderline* e a histeria 75
O *borderline* e a depressão 78
O *borderline* e a psicose 81
O *borderline* e a personalidade antissocial 83
Borderline, o uso de drogas e os transtornos da alimentação 86
Borderline e o transtorno bipolar 87

5 A clínica do *borderline* 91
Aspectos transferenciais e contratransferenciais — seu emprego 91
Enquadre 99
Trabalho em equipe 100
Ocupação 102
Família 103
Medicação 108
Curso e prognóstico 109
Estar só 110

6 Fechando sem desfecho 113

Referências 117

Prefácio

"Impenetrável!". Era o que Humpty Dumpty falava, orgulhosamente, para Alice. Instalado, precariamente, no alto do mundo, ele ficava alheio à fragilidade de sua condição por meio dos recursos que empregava: olhar para outra direção, fazendo as palavras significarem o que quisesse. Alice, espantada, dizia:
— É tal qual um ovo! Espichando as mãos para segurá-lo, certa de que ele iria cair de um momento para outro.

Esta cena é uma das referências que Mauro Hegenberg utiliza em seu livro para discutir o diagnóstico do *borderline*. A utilização desse episódio para ilustrar esse quadro clínico é bastante oportuna, não só porque apresenta dramaticamente a situação existencial do paciente chamado *borderline*, mas também porque explicita o tipo de sofrimento contratransferencial do terapeuta que trabalha com essas pessoas. O analista, tal como Alice, percebe-se aflito, temendo que, a qualquer momento, um episódio de desestruturação em seu paciente possa ocorrer.

Infelizmente, esse quadro clínico é cada vez mais frequente em nossos consultórios, demandando dos profissionais de saúde mental um maior conhecimento dessa forma de psicopatologia e também maior sensibilidade clínica para manejá-los. Tal frequência é decorrente do mal-estar de nosso tempo. Hoje em dia, o mundo globalizado esfacela tradições e culturas e esgarça o sentido da vida, produzindo intenso desenraizamento do ser humano nunca visto antes. Dessa forma, muitos são aqueles que, hoje em dia, tentam equilibrar-se em suas cercas, em seus fiapos de sentidos, fugindo do abismo da não-existência e do não-sentido.

A clínica amplia-se intervindo nas situações de vida do paciente, indo da interpretação ao manejo, do simbólico ao uso de medicamentos como auxiliares no tratamento desse tipo de paciente.

Faltava em nosso meio um texto que auxiliasse os profissionais a diagnosticar e a tratar a problemática *borderline*. Mauro Hegenberg vem compartilhar conosco, por meio de seu livro, seu conhecimento sobre esses pacientes, acumulado ao longo de sua trajetória como profissional de saúde. Para realizar esse intento, Mauro nos apresenta o que diferentes teóricos vêm discutindo sobre o tema, ilustrando com vinhetas clínicas os conceitos que pretende esclarecer. O livro tem grande mérito didático, favorecendo que outros profissionais possam posicionar-se diante do paciente *borderline* de maneira mais adequada.

Resta a esperança de que os clínicos, mais bem equipados, possam acompanhar seus pacientes de maneira que a fragilidade deles possa ser um novo começo, em que uma existência seja possível.

"É tal qual um ovo!", dizia Alice vendo Humpty Dumpty. Assim são nossos pacientes: frágeis, mas à espera de um nascimento.

1
Apresentação

Por volta do início do século, o paciente visível para o olhar clínico do psicanalista, ao qual Freud se dedicou intensamente, era o neurótico, enredado nas questões da sexualidade. Winnicott (1965) refere que "em uma classificação baseada nas áreas de interesse que Freud explorou nos primeiros anos de seu trabalho, os pacientes ou eram psicóticos ou histéricos" (p. 115). A escuta da Psicanálise, na atualidade, se desvia da *Angústia de Castração* e do *Complexo de Édipo* para a *Angústia de Separação* e para o *Ideal do Ego* como organizadores da personalidade. Bergeret (1991) aponta que "encontramos cada vez menos pacientes que conseguimos verdadeiramente classificar, se quisermos ser rigorosos, no quadro das estruturas neuróticas" (p. 203). A questão maior não são mais os limites, a falta, mas a preocupação se desloca para a depressão, para o vazio, para a perda de sentido na vida, para a sensação de irrealidade e futilidade da existência, para a crise de identidade. André (1999) lembra Margaret Little quando ela afirma que "a sexualidade está fora de propósito e sem significação alguma quando não temos assegurada a própria existência, sua sobrevivência e sua identidade" (p. 2). Tais são as angústias mais comuns atualmente, tal é o ser humano de hoje. Está aí o *borderline* gritando por compreensão e socorro; está aí a Psicanálise tentando compreender o que se passa, pretendendo auxiliar o homem do século XXI a encontrar alguma luz em seu caminho solitário. Muitas das características e angústias apresentadas neste livro não são exclusivas do *borderline* e podem ocorrer em outros pacientes, em grau menor de gravidade. Algumas delas talvez estejam presentes em nós, humanos não encontrados em classificações psicopatológicas, mas pessoas inseridas neste nosso mundo confuso e com parâmetros cada vez menos definidos.

O *borderline* e o momento atual

O *borderline*, em virtude de sua necessidade de apoio, procura um lugar de acolhimento que está cada vez mais difícil de encontrar. A quebra de valores tradicionais observada ao longo do século XX empurra o ser humano para uma crise existencial, em razão da solidão provocada pela ruptura da família e dos laços de solidariedade, pelo individualismo crescente, pela competição feroz em uma sociedade em contínua transformação. Com tudo isso, as relações estáveis de outrora são apenas recordações.

Quando a estabilidade dos relacionamentos estava garantida por valores morais reconhecidos, podia-se observar que a solidão, o vazio e o tédio, próprios da existência humana, estavam escamoteados por um caminho a seguir, definido por convenções sociais marcadas pela tradição e pelo respeito a normas consagradas. Na sociedade atual, em que tudo se transforma e novos valores são rapidamente consumidos e substituídos por outros que serão também logo desmanchados, o nível de angústia tende a aumentar por causa da insegurança gerada pelas contínuas mudanças.

Fruto destas transformações, não há mais regras claras a seguir ou a se contrapor. O "mocinho" bom e o "bandido" mau, a Guerra Fria com um inimigo conhecido, são coisas do passado. Se antes era mais simples lutar contra ditaduras e multinacionais, "vilãs" de um certo momento histórico, hoje o maniqueísmo acabou. Se por um lado isso pode significar maturidade, por outro complica a situação, empurrando o ser humano para decidir tudo sozinho. Exemplificando: o flerte entre homem e mulher, anos atrás, era definido por regras que não mais existem. Hoje, se uma moça faz sexo nos primeiros encontros, pode ser considerada promíscua; se não fizer, ela pode ser vista como pessoa estranha e o parceiro pode se afastar por considerá-la esquisita. Não há regras a seguir, vai depender de características específicas de cada casal, ou seja, o sujeito está sozinho para decidir segundo seus próprios valores, de acordo com a situação.

O casamento, a religião, a honra, a honestidade, o amor, tudo está em questão, nada é fixo ou estável. A solidão humana se acentua. "*Quem sou eu*" não é uma pergunta abstrata; "*to be or not to be*" torna-se uma questão cotidiana, e não simples fala teatral.

Se todos os seres humanos estão às voltas com essas questões complicadíssimas, o *borderline* coloca uma lente de aumento nesses problemas e sofre constantemente com eles.

O "problema *borderline*" se inscreve dentro da questão da pós-modernidade. O aumento dos casos de depressão, vazio, tédio e solidão nas sociedades capitalistas é *também* fruto de uma promessa por um consumo eficiente, ou seja, um consumo que pretende preencher o vazio do cidadão e satisfazê-lo. A roupa da moda, carros, as drogas, o último filme, o próximo namoro, a viagem dos sonhos, livros, todo esse aparato deveria ser suficiente para garantir a *"felicidade"*. Como tal promessa não se concretiza, mas é exigida pelo modo de produção da subjetividade imposto pelo nosso modelo atual de sociedade, cria-se o conflito, levando à depressão este sujeito "incapaz" de se satisfazer plenamente com o aparato de consumo oferecido.

As sociedades capitalísticas propõem, ao sujeito, alienação e consumo. Deleuze (1990) ensina que:

> (...) o serviço de vendas tornou-se o centro ou a 'alma' da empresa. Informam-nos que as empresas têm uma alma, o que é efetivamente a notícia mais terrificante do mundo. O marketing é agora o instrumento de controle social e forma a raça impudente de nossos senhores. (p. 224)

E continua: "a empresa introduz o tempo todo uma rivalidade inexpiável como sã emulação, excelente motivação que contrapõe os indivíduos entre si e atravessa cada um, dividindo-o em si mesmo" (Deleuze, 1990, p. 221).

Assim, no mundo de hoje, o sujeito está só. Dependente de um meio ambiente estável e acolhedor, o *borderline* não encontra guarida para seu sofrimento, apenas encontra pessoas apressadas e ocupadas, *aparentemente* satisfeitas na procura de seu bem-estar material e na busca incessante das promessas nunca cumpridas de completude e de ascensão social. Matos (1978) afirma que "A eterna mudança é inimiga da memória, pois esta se torna supérflua em um mundo no qual o homem é tratado como mera função, como *business*. O indivíduo é abstraído e formalizado, pois a razão reguladora da vida social é cálculo e interesse" (p. 210). Tal situação tende a aumentar o desamparo do *borderline*, que se sente cada vez mais só, sem espaço para constituir sua subjetividade inadaptada às circunstâncias de competição e consumo.

Não é surpreendente que, diante disso tudo, o número de pacientes-limite aumente; eles são reflexo de uma sociedade pouco preocupada com seus cidadãos e mais interessada na globalização e seus efeitos econômicos. Painchaud e Montgrain (1991) afirmam que "como a problemática social mudou, enfrentamos modificações de configuração psicológica inconsciente, cujo resultado clínico se constatará pelo aumento do número daquilo a que convencionamos chamar de estados-limite ou *borderlines*" (p. 44).

Terminologia

Carroll (1872), numa passagem em que Alice, do outro lado do espelho, se encontra com um mosquito, relata o seguinte diálogo:

— Que espécie de insetos lhe dão mais prazer, lá do lugar de onde você veio? — indagou o Mosquito.

— Os insetos lá não me dão prazer, na verdade — explicou Alice — porque tenho medo deles, pelo menos dos maiores. Mas posso lhe dar o nome de alguns.

— Naturalmente eles atendem pelo nome — observou distraidamente o Mosquito.

— Nunca ouvi dizer que fizessem isso.

— E de que serve, então, eles terem nomes, se não atendem por esses nomes? — estranhou o Mosquito.

— Para eles, não serve de nada — Alice explicou. — Mas é útil para as pessoas que dão os nomes, eu acho. Se não, por que dar nome às coisas? (p. 163)

Há tempos ocorrem tentativas de nomear as possibilidades nosológicas que não se enquadram entre os psicóticos ou entre os neuróticos: esquizotimia (esquizotímico), esquizoidia (esquizoide), pré-psicose (pré-psicótico), personalidade hebefrênica, psicoses marginais, paranoia sensitiva, certas personalidades perversas, personalidade psicopática, psicopata, personalidade "como se", falso *self* e neurose de caráter são algumas delas.

Stern (1945) utilizou o termo *borderline* pela primeira vez, mas o incluiu entre os neuróticos; segundo Bergeret (1974, p.132), é a partir de Eisenstein, em 1949, que os vários tipos de diagnósticos acima citados passam a ser agrupados sob o vocábulo *borderlines* (limítrofes ou fronteiriços), traduzidos para o francês como *cas limites* (casos-limite) ou *états limites* (estados-limite).

Toda esta denominação é complicada. Ao se deparar com termos como casos-limite, casos difíceis, *borderline*, fronteiriços, limítrofes, estados-limite, é preciso saber qual a referência utilizada pelo autor em questão, para que se saiba exatamente de quem se está falando. Nomear simplesmente "*borderline*", supondo-se falar do mesmo quadro clínico, é arriscar-se à confusão. Por exemplo, o *borderline* de Kernberg não é o mesmo de Bergeret, que não é o mesmo do DSM-IV e por aí vai.

Além disso, em língua francesa é comum encontrar-se o termo *estados-limite* designando não um diagnóstico, mas características de personalidade que poderiam ser encontradas em várias patologias, o que difere de Kernberg, por exemplo, que utiliza o termo *borderline* referindo-se a uma estrutura definida. Então, ao se deparar com a palavra "*borderline*" é preciso cuidado, tornando-se necessário saber qual a referência utilizada.

Cabe ressaltar que, ao se referir ao "*borderline*" em geral, corre-se o risco de se desconsiderar cada sujeito em sua singularidade, como se todos os pacientes fossem iguais, o que não é o caso. Quando se teoriza sobre pessoas com um diagnóstico, no caso o *borderline*, as generalizações são inevitáveis. O mal-estar causado por frases como "o *borderline*, ou o border, ou o Transtorno de Personalidade *Borderline* é de tal ou qual maneira" pode ser amenizado pelo leitor ao procurar abstrair os conceitos gerais e tentar particularizar para o seu paciente, sujeito único, pleno de vida e de humanidade.

Definição

Como a nomenclatura a respeito é controversa, cabe definir o que se estará considerando como *borderline* neste livro. Ao se delimitar um tema, uma escolha é inevitável, e ela será sempre questionável, dependendo do ponto de partida utilizado para avaliá-la. Winnicott, por exemplo, não se incomodou em realizar esforços de classificação psicopatológica, e sua psicanálise está mais interessada na compreensão do *self* do que em uma divisão nosológica. A coleção na qual está inserido este livro tem uma preocupação didática e optou por diagnósticos, o que em algum momento da formação é útil e necessário.

Em Laplanche e Pontalis (1967) tem-se como verbete para "Caso-limite ou Limítrofe": "expressão utilizada a maioria das vezes para designar afecções psicopatológicas situadas no limite entre neurose e psicose, nomeadamente esquizofrenias latentes que apresentam uma sintomatologia de feição neurótica" (p. 94). Que fique claro que esta não é a opção teórica adotada neste livro, que procura delimitar o conceito de forma a ser útil na prática clínica.

Para o *Borderline*, ou Transtorno de Personalidade *Borderline* (TPB), adotar-se-á a descrição utilizada nas classificações internacionais psiquiátricas, embora a proposta do texto seja a compreensão psicanalítica do tema.

As Classificações Internacionais das Doenças Mentais, como o CID e o DSM, são apenas descritivas. Elas não se preocupam com o sentido, com a explicação do sintoma, afastando-se, portanto, da Psicanálise. Essa proposta descritiva se alia a uma compreensão médica da Psicologia, permitindo que a Psiquiatria de hoje se aliene cada vez mais da Psicopatologia e se contente com uma descrição simplista de sintomas, chegando-se rapidamente ao diagnóstico e à medicação. Os laboratórios de medicamentos, que movimentam bilhões de dólares, estão bastante interessados nesta medicina simplificadora que propõe a medicação para suprimir o sintoma, sem a preocupação de compreendê-lo. Não que o medicamento não seja útil; pelo contrário, ele é fundamental; é seu uso indiscriminado e banal que deve ser questionado.

Por outro lado, se a descrição de sintomas do DSM e do CID possibilita tais desvios, também permite uma linguagem comum, fundamental para pesquisa e para se saber de qual paciente se fala.

É neste sentido que as classificações estão servindo de referência para este livro, mesmo ciente de que aproximações entre diagnósticos destas Classificações e da Psicanálise nem sempre são possíveis ou desejáveis.

Enfim, no CID-10 (OMS, 1993), em F60.3, encontra-se "Transtorno de Personalidade Emocionalmente Instável", subdividido em "Impulsivo" e "*Borderline*" (limítrofe)":

> Um transtorno de personalidade no qual há uma tendência marcante a agir impulsivamente sem consideração das consequências, junto com instabilidade afetiva. A capacidade de planejar pode ser mínima, e acessos de raiva intensa podem com frequência levar à violência ou a "explosões comportamentais"; estas são facilmente precipitadas quando atos impulsivos são criticados ou impedidos por outros. (p. 200)

No tipo "*Borderline*" (limítrofe), *além* das características anteriores, observa-se:

> (...) a autoimagem, objetivos e preferências internas (incluindo a sexual) do paciente são com frequência pouco claras ou perturbadas. Há em geral sentimentos crônicos de vazio. Uma propensão a se envolver em relacionamentos intensos e instáveis pode causar repetidas crises emocionais e pode estar associada com esforços excessivos para evitar abandono e uma série de ameaças de suicídio ou atos de autolesão. (p. 201)

Segundo o DSM-IV (APA, 1996), temos em F60.31 (301.83) o quadro denominado "Perturbação Estado-Limite da Personalidade", com a seguinte descrição:

> Padrão global de instabilidade no relacionamento interpessoal, autoimagem e afetos, e impulsividade marcada, com começo no início da idade adulta e presente numa variedade de contextos, como indicado por cinco (ou mais) dos seguintes:
> 1. esforços frenéticos para evitar o abandono real ou imaginado;
> 2. padrão de relações interpessoais intensas e instáveis caracterizado por alternância extrema entre idealização e desvalorização;

3. perturbação da identidade: instabilidade persistente e marcada da autoimagem ou do sentimento de si próprio;
4. impulsividade pelo menos em duas áreas que são potencialmente autolesivas (gastos, sexo, abuso de substâncias, condução ousada, voracidade alimentar);
5. comportamentos, gestos ou ameaças recorrentes de suicídio, ou comportamento automutilante;
6. instabilidade afetiva por reatividade de humor marcada (p. ex., episódios intensos de disforia, irritabilidade ou ansiedade, habitualmente durando poucas horas ou mais raramente alguns dias);
7. sentimento crônico de vazio;
8. raiva intensa e inapropriada ou dificuldades de a controlar (p. ex., episódios de destempero, raiva constante, brigas constantes);
9. ideação paranoide transitória reativa ao stress ou sintomas dissociativos graves. (p. 672)

O diagnóstico de *borderline* surgiu no DSM apenas em 1980, enquanto outros transtornos da personalidade, como o esquizoide, o paranoide, o antissocial e o compulsivo (obsessivo), aparecem desde o DSM-I, que data de 1952. Constata-se que a delimitação do transtorno é recente, o que também explica a confusão de conceitos em que está enredado o *borderline* até hoje. Delimitar o conceito traz uma vantagem, que é a de facilitar o debate sobre um paciente conhecido, obtenível a partir de elementos comuns, evitando-se generalizações evasivas que mais confundem que esclarecem. O transtorno *borderline*, segundo Kaplan e Sadock (1965),

(...) ocorre em 2% a 3% da população geral e é, de longe, o transtorno da personalidade mais comum em contextos clínicos. Estima-se que ocorra em 11% das populações não hospitalizadas, 19% das populações hospitalizadas e 27% a 63% das populações com transtorno da personalidade. Ele parece ocorrer aproximadamente três vezes mais em mulheres do que em homens. (p. 1558)

Talvez o número de *borderlines* masculinos esteja subestimado. Muitos deles podem estar nas delegacias e nos presídios, em função de sua agressividade, nas ruas, ou nas mãos dos cuidadores dos usuários de drogas, por exemplo.

Há vinte ou trinta anos (ainda hoje?) era comum referir-se a estes pacientes como "histeria grave", lembrando que o diagnóstico "Histeria" foi abolido tanto do CID 10 quanto do DSM-IV.

Outra confusão frequente é com o "Transtorno bipolar". O psiquiatra prefere o diagnóstico de bipolar ao de *borderline*, porque no bipolar a medicação é mais efetiva e o prognóstico é melhor.

O *borderline* não é um histérico, nem neurótico, e há diferenças no modo de se lidar com a neurose e com o TPB.

O *borderline* também não é um psicótico nem está no limite entre a neurose e a psicose, mas é um quadro clínico específico, com suas características próprias.

Exemplo clínico

O paciente foi encaminhado por um colega psiquiatra. Passou por diversas psicoterapias e alguns tratamentos psiquiátricos, tendo recebido, ao longo do tempo, diversos diagnósticos, fato comum de ocorrer com o *borderline*.

Na primeira consulta ele chegou agitado, andando pela sala, falando sem parar e agressivo com os familiares. Família e paciente negaram terminantemente a possibilidade de uso atual de drogas e mencionaram os diagnósticos de mania, de histeria, de depressão e de psicopatia. A família estava assustada diante da possibilidade de confirmação do diagnóstico anterior de personalidade antissocial (psicopata), em dúvida quanto a considerar o paciente como pessoa perigosa, potencialmente homicida.

Recentemente, o paciente esteve deprimido, impotente sexualmente, sem trabalhar e medicado com antidepressivos. Como ocorre frequentemente no caso do *borderline*, a família não mais suportava seu comportamento impulsivo e agressivo, suas queixas contínuas de vazio e tédio, sua incapacidade para lidar com o dia a dia da vida e suas atitudes antissociais que prejudicaram familiares e circunstantes.

O paciente, aqui denominado Ronaldo, com trinta e três anos, foi se acalmando durante a consulta e pôde estabelecer uma boa relação inicial, passando a reclamar da família e do terapeuta anterior. Dizia que o pai o agredia verbalmente, xingando-o diariamente de todos os nomes possíveis, que o irmão o considerava um louco e queria prejudicá-lo, e que a irmã era ingrata, pois tudo fizera por ela e agora ela não mais queria sequer vê-lo.

Na data de início dos sintomas, aos dezesseis anos, a família passava por dificuldades financeiras e ameaça de desestruturação do casal em razão de a mãe ter descoberto o pai com amante. Além disso, haviam mudado de bairro, tendo o paciente perdido, além de amigos, também muitas de suas referências de locais conhecidos.

Até os dezesseis anos, Ronaldo teve uma infância comum, com amigos, passeios, viagens e rendimento escolar razoável, embora apresentasse problemas de concentração no estudo. Por ser o primogênito, ocupava um lugar privilegiado no núcleo familiar, gozando da preferência da mãe. Tal preferência veio acompanhada de exigências para ser um grande homem, de elevar o nome da família no conceito da comunidade árabe que frequentam; nos dizeres da mãe, "ele foi criado para ser um príncipe". Até essa idade, Ronaldo se metia em poucas confusões, com algumas brigas na rua ou com os colegas de escola. Embora o afastamento social seja o mais comum no caso do *borderline*, Roni tinha um relacionamento amistoso com alguns companheiros de infância que encontra mesmo hoje em dia.

A mãe é pessoa rígida, distante afetivamente, afirma-se como competente e sincera com frequência, acredita não ter nenhum problema de relacionamento com as pessoas porque diz ser direta e falar tudo o que pensa. Pouco sai de casa, tem poucos amigos, culpando Ronaldo por não poder ter relacionamento social, afirmando que ele arruma confusões e envergonha a família com suas atitudes intempestivas. Trabalha com o marido na fábrica que eles mantêm na cidade em que residem. Na comunidade árabe, trabalhar fora de casa não é comum para a geração dela, mas ela acompanha o marido, pois não confia nele para os negócios. Ela mantém Ronaldo na sua esfera de decisões, auxiliando-o financeiramente. Embora não detenha total controle sobre ele, por causa de seu comportamento impulsivo, mantém o filho sob sua influência, e ele sente dificuldades para se libertar, alimentando uma relação de amor e ódio constante.

O pai é pessoa de sucesso financeiro razoável, embora tenha passado a vida se comparando aos companheiros bem mais ricos da colônia e se martirizando com isso. Ronaldo se sentiu, e ainda se sente, infernizado com o desprezo do pai pelos filhos e a valorização do sucesso alheio, o qual é preconizado incessantemente. O pai sempre foi intratável com os familiares, gritando, xingando, desprezando a esposa e os filhos, mostrando-se agradável e generoso com os não--familiares, chegando a dar quantias razoáveis de dinheiro para empregados ou mesmo desconhecidos na rua.

Ronaldo é casado há dois anos, sem filhos. A esposa não trabalha fora de casa. Ele mantém um relacionamento de dependência com ela, embora procure disfarçar para ela não se assustar com suas angústias e tédio. Ele acompanha a mulher em algumas vontades dela, como sair para dançar, jantar, ir ao cinema, viajar. Ele se queixa da pouca sensualidade da esposa, reclamando que ela não tem um olhar sedutor, não o procura para o sexo, atribuindo a isto seu constante interesse por outras mulheres. Ela é valorizada pela sua beleza física, pois tal circunstância permite que Ronaldo se sinta admirado na rua quando desfila em sua companhia.

Roni é todo preocupado com grifes e moda. Não é capaz de comprar roupas que não sejam de marca reconhecida, embora ande quase maltrapilho no dia-a-dia, pois prefere ter de trabalhar como um peão. Ele se preocupa com a marca do carro, a ponto de apenas se sentir à vontade para paquerar quando está com o BMW ou com o Alfa — se estiver com um carro inferior, não se sente capaz de abordar quem quer que seja, mesmo uma mulher que ele considere pobre ou não tão bonita.

O paciente se apresenta de diversas maneiras em locais diferentes. É conhecido, dependendo do lugar, como Ronaldo, Roni, Aldo, Ron, Dinho.

Iniciou três faculdades e não as concluiu por várias razões. Na primeira vez, aos dezoito anos, teve quadro persecutório relacionado aos colegas e até chegou a invadir a Diretoria da Faculdade, acusando alguns alunos de tentar prejudicá-lo. Outra vez sentiu-se ameaçado pelos professores que "não iam com a cara" dele por motivos vagos. Não cumpria os deveres escolares e reclamava que exigiam dele além do razoável nas provas e nos trabalhos de classe. Da terceira vez, não se sentiu competente para seguir o curso, tendo abandonando os estudos por se considerar desqualificado para a carreira escolhida. Em todas as oportunidades esteve invadido por dúvidas e mais dúvidas se aquela era mesmo a profissão desejada — nos três casos, não passou do primeiro ano escolar, mesmo tendo concluído a contento o primeiro semestre em duas oportunidades. A dificuldade de concentração e também o tédio e o vazio de sentido na escolha profissional dificultaram a continuidade da sua vida escolar, fato comum de ocorrer com o *borderline*.

Por volta dos vinte e três anos, após os insucessos escolares, teve um período de abuso de álcool que durou mais de quatro anos. Nada fazia além de ficar em casa engordando e bebendo. Nesse período, nada lhe fazia sentido, não havia razão para sair da cama ou de casa. A televisão era sua companhia e saía raramente, tendo se isolado dos amigos e até da família. Isso é comum ao *borderline*, pois a falta de sentido para as coisas dificulta ou impede que ele tenha uma razão para existir. Parou de beber quando lhe foi oferecido um trabalho, financiado e preparado pelos pais.

Volta e meia Roni se exalta e tem momentos de impulsividade. Chegou a agredir o pai em duas oportunidades, uma delas com alguma gravidade. O irmão é alvo frequente de ameaças, que até agora não se concretizaram. Aos vinte e cinco anos, durante momento em que sentiu perseguido, Ronaldo olhou para uma janela de sua casa e acreditou ter visto homens o ameaçando. Assustado, agitou-se e começou a bater em tudo o que via, até enfiar a mão no vidro.

Rompeu um tendão, o que lhe rendeu uma cirurgia no pulso e uma cicatriz que carrega até hoje. Ronaldo tem fantasias corriqueiras de automutilação, imaginando cortar-se com uma faca ou provocar acidentes com o carro e se machucar.

Não foram raras as vezes em que, nas explosões de raiva, jogou coisas nas paredes, ou quebrou pratos ou outros utensílios domésticos. Certa vez, na moradia dos pais, vários objetos iam caindo janela afora, em espetáculo que os vizinhos não cansaram de comentar. Depois do ocorrido, Ronaldo fica com um misto de vergonha e raiva dos outros, vociferando que ninguém tem nada a ver com a sua vida. O momento impulsivo é geralmente detonado quando se sente sozinho ou incompreendido, gerando explosões de raiva que podem ter consequências sérias, conforme o manejo dos circunstantes.

Na faixa dos trinta aos quarenta anos, por volta da metade dos pacientes *borderlines* parecem alcançar uma certa estabilidade em seus relacionamentos profissionais e pessoais, principalmente quando conseguem apoio de alguma figura significativa. Isso aconteceu com Ronaldo — o casamento lhe foi de grande importância para obter o grau de estabilidade no trabalho que ora desfruta.

Roni sente-se entediado com frequência diária. Quando consegue trabalhar, acaba se distraindo com a agitação do cotidiano, mas, mesmo nessas horas, tem vontade de voltar para casa e ver televisão. Quando está em casa, não gosta da TV e preferiria estar fazendo outra coisa, ou seja, nunca está satisfeito.

Tem impulsos de ir atrás de qualquer mulher que ache atraente. Algumas vezes chega a abordá-las, contendo-se em seguida, por receio de perder a esposa. Masturba-se com diariamente, às vezes mais de uma vez ao dia. Se a esposa não se recusasse, manteria relações sexuais com ela todos os dias.

Ronaldo come muito e várias vezes. Está obeso, pesando mais de cento e vinte quilos, alimentando-se em casa e na rua, ingerindo os mais variados quitutes ao longo das vinte e quatro horas, além das três fartas refeições diárias. A esposa, apesar de inúmeras queixas a respeito, não consegue controlá-lo. Ele se acha gordo, não gosta do tamanho de sua barriga, mas nem pensa em iniciar um regime alimentar, pois alega saber a importância que a ingestão dos alimentos tem para ele, negando qualquer tentativa de reduzir seus ímpetos de voracidade, pois se isso acontecesse acredita que se sentiria muito angustiado. A ingestão impulsiva de alimentos ou o abuso de álcool e drogas é comum no *borderline*, na vã tentativa de aliviar sua solidão e seu tédio.

A angústia o acompanha diariamente. Considera-se malsucedido como empresário, pois não consegue ter o mesmo sucesso que os árabes ricos da colônia. Além disso, lembra-se com frequência das faculdades que não concluiu e das falências que já sofreu. Como não tem um séquito de bajuladores, o que é, segundo ele, sinal de distinção dentro da colônia, não se sente alguém reconhecido pelos seus pares. Então, longe de seus ideais de consagração, sente-se humilhado diante de todos, o que o angustia cotidianamente.

Para ele, a convivência dentro da colônia árabe se resume a pessoas satélites que giram em torno de astros-reis, que são os mais ricos. O que interessa e o que se pode oferecer são bens materiais: a casa na praia com os barcos, os cavalos na fazenda, o melhor carro, a casa de campo, jantares e festas. Como ele não pode ser "astro" e não gosta de ser "satélite", a tendência é se afastar das pessoas, levando-o a ficar cada vez mais sozinho. Existe algo a oferecer entre as pessoas, além de bens materiais? Segundo ele, para a colônia, não.

Há sete anos, teve várias lojas que faliram porque ele passou a comprar mercadorias compulsivamente, mais do que o negócio comportava, além de expandir (chegou a ter quinze lojas) estabanadamente.

Por causa da primeira falência, não mais pôde ter conta em bancos, cartões de crédito ou estabelecimentos comerciais em seu nome. Nessa ocasião, como teve várias lojas, muitas delas estavam em nome de terceiros, gerando uma fila de endividados por conta disso, dentro e fora da família. É comum ao *borderline* ser suficientemente sedutor e convincente. O fato de ele convencer as pessoas a segui-lo não é de estranhar — alguns *borderlines* são bastante hábeis na arte da sedução e conseguem agrupar em torno de si um número razoável de seguidores.

Apesar da primeira falência, a família não conseguiu contê-lo e financiou seu projeto de trabalho no litoral, colocando o negócio em nome de parentes e terceiros. Ele o iniciou de forma que hoje reconhece como "mega", ou seja, grande demais para as proporções do empreendimento e sem lastro financeiro suficiente. Mais uma vez foi à falência e deixou novo rastro de dívidas. Os familiares não mais confiam em seu desempenho profissional e continuam irritados com as dívidas que ele deixou em nome dos parentes, acreditando que essas atitudes são fruto de mau-caratismo e psicopatia.

Quando inicia um novo negócio, suas ideias em geral incluem contravenções ou alguma atitude indesejada para alguém. Ou se utiliza dos empregados do pai sem autorização deste, ou pega dinheiro emprestado e não paga, ou puxa um fio de eletricidade de um vizinho, ou pretende desviar um cano de água da casa ao lado, por exemplo. Com frequência pega os carros da família para seus interesses e fica indignado se alguém se queixa disso. Acha natural que todos existam para servi-lo e se surpreende, até fica magoado, quando algumas pessoas ficam furiosas com ele por esses motivos citados, que ele considera banais.

A diferença em relação à personalidade antissocial (psicopata) é que Ronaldo se martiriza com suas falências e reconhece seus erros, enquanto o antissocial não tem culpa ou responsabilidade com o ocorrido. Roni sempre suspeita que pode estar no caminho errado, sempre fica com inúmeras dúvidas, mas, quando consegue convencer os outros de que seus negócios vão dar certo, sente-se seguro para nova empreitada. Por isso desenvolve tão bem sua sedução — quando convence o outro, sente-se seguro porque está acompanhado; se está sozinho, não se sente fortalecido ou capaz, mesmo com dinheiro suficiente, de iniciar nova caminhada.

Atualmente é dono de várias bancas de jornal espalhadas pela cidade. Além disso, possui alguns estacionamentos. No momento, o dinheiro para o financiamento de seus projetos está sendo monitorado de perto pela mãe. Se fosse seguir seus impulsos, ele teria comprado mais bancas, mais estacionamentos e não teria conseguido pagar suas contas. Com grande esforço, ele está conseguindo manter seus negócios sem se atirar em aventuras além de suas condições (está "doido" pra comprar uma boate, por exemplo). Mesmo assim, suas bancas têm de tudo e mais um pouco — além de todos os jornais e as revistas possíveis e imagináveis (mesmo aquelas que ninguém no bairro jamais lerá), elas têm brinquedos de todos os tipos, sorvetes, vídeos, chicletes, figurinhas, livros, *walkman* e outras coisinhas mais. O comprador quase não consegue entrar na banca, de tanta

bugiganga, mas ele se sente recompensado em possuir mercadorias — "o importante é ter estoque", diz ele.
Uma das coisas de que ele mais gosta é ter empregados. Ronaldo se cerca de "colaboradores indispensáveis", aos quais precisa agradar de maneiras nem sempre convencionais para um patrão, tais como emprestar o carro nos finais de semana, ceder apartamentos nos prédios da família ou levar para jantares. Uma de suas fantasias prediletas é ser aplaudido por vários empregados, em pé, agradecidos, e ser reconhecido como grande empresário e benfeitor. Consegue ter muitos empregados nos estacionamentos e nas bancas de jornal, além dos limites razoáveis. Para ele, ter seguidores e estoque de mercadoria, ou seja, ser "grande", é mais importante do que ganhar dinheiro.

Seu irmão acha que Ronaldo não consegue trabalhar com êxito. Quando é informado de que Roni está com algum dinheiro, o irmão desconfia que ele tenha roubado os familiares, já que ultimamente o paciente, com a anuência dos pais, tem recolhido aluguéis de alguns imóveis da família. Os pais sustentam seu nível elevado de vida, o que Roni não conseguiria fazê-lo apenas com recursos financeiros próprios. Ronaldo se angustia com isso e vislumbra o dia em que vai conseguir ganhar mais dinheiro que todos os familiares, obtendo por fim o reconhecimento do pai e elevando o nome da família no conceito da colônia. No momento, ele sustenta sua angústia, seu vazio e seu tédio na vida apenas na esperança desse dia chegar. Caso isso não aconteça, não terá valido a pena viver, segundo suas palavras.

Ronaldo acredita que seus problemas advêm de sua relação complicada com o pai, que nunca o apoiou, pelo contrário, sempre o criticou com berros e palavrões. Acha que a mãe foi ausente e não conseguiu protegê-lo dos desvarios paternos, embora ela o sustente financeiramente.

Roni mantém relações de dependência com a esposa e familiares e também com os empregados. Comigo, essa dependência aparece de diversas maneiras. Solicita-me que eu alivie sua angústia, concorde com ele nas suas críticas à família e ao terapeuta anterior, aceite sua maneira de trabalhar, acolha sua impulsividade, seja poderoso e forte para que ele possa confiar em mim.

Durante os dois primeiros anos de análise, foram os familiares os responsáveis diretos pelo pagamento das sessões. Atualmente, embora sejam os pais que financiem o tratamento, Ronaldo tem a função de cuidar para que isso seja feito no prazo combinado, além de pagar com seu próprio dinheiro alguma sessão extra que ele queira. Registre-se que exigir, no início, responsabilidades com a análise ou com o analista não seria algo possível para ele na ocasião.

Até o momento, alguns ganhos foram possíveis, embora a análise de Ronaldo esteja apenas se iniciando (são três anos). Ele já consegue enxergar um pouco o outro e, com esforço, abrir mão de alguma vontade, em prol de um benefício futuro. Está menos impulsivo, conseguindo evitar, com sofrimento, sair comprando mercadorias e gastando mais dinheiro do que possui. Percebeu que tem de comprar à vista para não se afundar em dívidas e sabe dos perigos de sua impulsividade, tentando controlar-se, embora não seja garantido que o faça em todas as ocasiões.

Ronaldo é simpático, inteligente, de conversa agradável, gosta de filmes e livros de História, principalmente de cultura árabe, consegue ter algum humor dentro de sua vida angustiada, entediada e sofrida. Os irmãos não conseguem acreditar que Roni sofra diariamente. E como sofre! Sua vida não é fácil, sente-se permanentemente angustiado, considerando-se incapaz de cumprir seus desígnios de ser um grande empresário, culto que erigiu como prótese salvadora de seu tédio, de seu vazio e da falta de sentido na sua vida, que são os sentimentos mais presentes em seu desencontro diário consigo mesmo.

Sua angústia de separação se evidencia na dependência que alimenta em relação à mãe, à esposa, a mim e aos empregados. Não consegue decidir sozinho e não se sente à vontade para tomar qualquer iniciativa sem consultar seus circunstantes. Está muito magoado com o irmão e a irmã, pois estes não lhe dão mais nenhum crédito ou suporte.

Sua crise de identidade se manifesta pela dificuldade em seguir um caminho próprio, evidenciado pela dúvida constante em iniciar uma carreira profissional e o abandono das três faculdades. Além disso, tem a tarefa de tornar-se grande empresário para redimir o nome familiar na colônia árabe. Será esse um sentido próprio que lhe satisfará verdadeiramente ou apenas uma prótese advinda do lugar que ocupa no desejo dos pais? Quando está trabalhando, Ronaldo gostaria de estar em casa; quando está em casa, gostaria de estar em qualquer outro lugar. Sua idealização em relação aos mais ricos da colônia infernizam sua vida. Ele está sempre se queixando do vazio de sentido de sua existência. Para Roni, a vida não lhe pertence.

Ao longo do texto, o caso de Ronaldo voltará a ser discutido em diversos capítulos, a título de exemplificação.

2
Contribuições da psicanálise na compreensão do *borderline*

Kaplan e Sadock (1965) definem: "O Transtorno da Personalidade *Borderline* é caracterizado por um padrão difuso de instabilidade dos relacionamentos interpessoais, autoimagem e afetos e acentuada impulsividade, começando no início da idade adulta e presente em uma variedade de contextos" (p. 1557). Essa definição e as do CID ou DSM auxiliam a saber de quem se fala. Continua, no entanto, a questão de se saber o porquê disso tudo. É aí que a Psicanálise entra, na tentativa de fornecer sentido a essa experiência, procurar compreensão onde não se encontra lógica ou sensatez e oferecer uma saída para o desespero do ser humano denominado *"borderline"*. O diagnóstico o inclui no rol da classificação dos doentes mentais, o que não mitiga seu sofrimento, talvez até auxilie a acentuar preconceitos. A Psicanálise é uma busca de compreensão, é a procura de uma saída, é uma esperança para o "border" e seu desamparo.

Sigmund Freud

Freud estava mais interessado nas neuroses, por diversos motivos.

Na obra de Freud não se encontra alusão ao termo "*borderline*". Green (1999) afirma que, caso "se pegue um caso-limite, não há nada que se pareça com ele na obra de Freud, exceto o Homem dos Lobos" (p. 36). Para mim, pouca dúvida hoje de que o "Homem dos lobos" teria o diagnóstico de *borderline*, mas como seria possível Freud trabalhar com um conceito que se torna mais claro apenas na década de 1980?

André (1999) afirma, lembrando que a teoria do *borderline* se insere na questão do narcisismo e na discussão do papel do ego no psiquismo:

> Se o desenvolvimento da interrogação 'limite' é amplamente pós-freudiano, seria um erro considerar a obra de Freud fora do debate. É em 1910 que o narcisismo se introduz na teoria, e com ele a concepção do ego se complica e se desenvolve. (p. 6)

Green (1999) afirma que "o interesse de Freud pelos estados-limite já estava presente porque ele descreve, sem nomear, estas estruturas. Constata-se a tendência à repetição, a tendência a agir, a tendência à desorganização do ego" (p. 52).

Em outras palavras, se Freud não se ocupou do *borderline*, diversos outros psicanalistas o fizeram, inclusive tomando por base algumas de suas contribuições teóricas. A histérica freudiana do fim do século XIX deu lugar ao *borderline* de hoje, enquanto preocupação teórica e clínica.

Segundo Balint (1968), "Freud trata a regressão como um evento intrapsíquico, um fenômeno pertencente ao campo da psicologia unipessoal. Essa simplificação só é válida enquanto o analista restringir seu estudo a casos de regressão nos quais a resposta do entorno for negligenciável" (p. 130). Ao mesmo tempo, continua: "Parece que Freud encontrou, em seus primeiros tempos de psicoterapia, quase que exclusivamente casos de regressão maligna, o que lhe causou profunda impressão" (p. 138).

Dá a impressão que Freud esbarrou em várias questões de diversas ordens e não se aprofundou na questão *borderline*, "preferindo" permanecer com a histeria e a castração, embora tenha mencionado a importância do apoio e da relação anaclítica, do entorno familiar e de outras questões pertinentes ao *borderline*.

Uma das questões complicadas para Freud entender o *borderline* é que este encontra-se imerso na relação com o outro, dependente dele, angustiado com separações, necessitando de uma relação a dois, precisando encontrar um analista presente enquanto ele mesmo. Apesar de precisar de limites, o *borderline* não está demandando castração, mas um encontro com um analista que existe enquanto pessoa, e não apenas enquanto qualidade transferencial, concepção essa mais próxima da de Winnicott do que da de Freud.

Para Laplanche (1967), "A designação 'relação de objeto' encontra-se ocasionalmente na pena de Freud; embora seja incorreto dizer, como já houve quem dissesse, que Freud a ignora, podemos garantidamente afirmar que ela não faz parte do seu aparelho conceitual" (p. 576).

Green (1999) escreve que

> (...) é preciso reconhecer que há uma certa carência, em Freud, no que diz respeito ao objeto. É inegável. As razões pelas quais Freud negligenciou o objeto são, a meu ver, devidas em parte a preconceitos de ordem pessoal. Freud não gostava muito da clínica e da prática psicanalíticas. Bem, a

teoria das relações objetais é forjada na prática psicanalítica e sobre a análise da transferência. (p. 35)

E o *borderline* necessita de uma clínica voltada para a transferência e a contratransferência. Com ele, não é interessante se ficar numa psicologia unipessoal, voltada para o intrapsíquico.

Ainda segundo Green, Freud achava que a cientificidade da psicanálise perderia terreno se dependesse muito da ideia de relação de objeto, porque estaria dependente demais das circunstâncias, o que poderia relativizar as descobertas sobre o inconsciente.

Observam-se, pois, inúmeras razões para Freud não ter se ocupado com o *borderline*, embora tenha lançado a base para sua COMPREENSÃO futura. Por exemplo, Freud, em seu artigo "Tipos libidinais", propõe três tipos psicológicos, classificados com base na situação libidinal, extraídos da observação e "confirmados pela experiência" (Freud, 1931, p. 251). Segundo ele, estes tipos devem incidir dentro dos limites do normal e não devem coincidir com quadros clínicos, embora "possam aproximar-se dos quadros clínicos e ajudar a unir o abismo que se supõe existir entre o normal e o patológico" (Freud, 1931, p. 251).

Os três tipos são chamados de tipo *erótico*, tipo *narcísico* e tipo *obsessivo*.

O tipo *erótico* está voltado para o amor. "Amar, mas acima de tudo ser amado". São pessoas "dominadas pelo temor da perda do amor e acham-se, portanto, especialmente dependentes de outros que podem retirar seu amor deles". Algumas "variantes ocorrem segundo se ache mesclado com outro tipo, e proporcionalmente à quantidade de agressividade nele presente" (Freud, 1931, p. 252). Bergeret, apresentado mais adiante, retirou desse artigo seus conceitos sobre os estados-limite.

Otto Kernberg

Kernberg (1989) delimita o que ele chama de "organização *borderline* de personalidade", salientando que

(...) esta designação inclui um número maior de pacientes que a categoria de distúrbio de personalidade *borderline* do DSM III-R e cobre um nível de patologia de caráter que inclui a maior parte dos casos de personalidade infantil ou histriônica e narcisista, praticamente todas as personalidades esquizoide, paranoide, "como se", hipomaníaca e todas as personalidades antissociais. (p.18)

Observe-se que o Transtorno de Personalidade *borderline* está incluído na "organização *borderline*" de Kernberg, mas as características da sua "organização" transcendem o quadro específico do TPB. Algumas das observações de Kernberg são demasiado amplas, pois que a "organização", em seu modo de ver, abrange uma gama de pacientes muito diferentes entre si.

Em todo o caso, Kernberg é um autor muito respeitado no estudo do *borderline*, e algumas de suas observações sobre a "organização" também são pertinentes para o TPB.

Kernberg baseia-se em três critérios estruturais para seu diagnóstico de "organização *borderline* da personalidade": difusão da personalidade, nível de operações defensivas e capacidade de teste da realidade.

1. A difusão da personalidade caracteriza-se pela falta de integração do conceito de *self* e do conceito de outras

pessoas. Isto se reflete na experiência crônica de vazio, percepções contraditórias e empobrecidas dos outros.

2. A organização defensiva, que no neurótico se centra no recalcamento, é baseada na clivagem. Clivagem e outros mecanismos associados, como a idealização primitiva, identificação projetiva, denegação, controle onipotente e desvalorização, protegem o ego dos conflitos, dissociando experiências contraditórias do *self* e dos outros. Em relação à clivagem, Kernberg (1989) fala de clivagem tanto do "*self* quanto dos objetos externos em totalmente bons e totalmente maus" (p. 16).

Em relação à capacidade de teste da realidade, Kernberg (1989) salienta que no "border" esta capacidade é mantida, o que não ocorre com o psicótico, definindo o teste da realidade como "a capacidade de diferenciar entre *self* e não-*self* e entre as origens intrapsíquica e externa das percepções e estímulos" (p. 17).

Widlöcher (1999) afirma, em discordância com Kernberg, que não se trata de uma clivagem do ego o que ocorre com os estados-limite: "A clivagem nestas estruturas não resulta de uma estratégia do ego (nem se pode falar propriamente de uma clivagem do ego), mas de uma fixação pulsional arcaica" (p. 86). Como sempre, no mundo, não há concordâncias absolutas.

Kernberg (1989) aponta que o *borderline* também se mostra em características secundárias, tais como

(...) fraqueza do ego (falta de controle de impulso, falta de tolerância à frustração à ansiedade e falta de canais desenvolvidos de sublimação), na patologia do superego (sistemas de valores imaturos, exigências morais internas contraditórias ou, até mesmo, características antissociais) e nas relações objetais crônicas e caóticas, que são uma consequência direta da difusão de identidade e da predominância de operações defensivas primitivas. (p. 17)

Salienta que estas características não estão relacionadas ao seu diagnóstico, que depende da difusão da identidade, das operações defensivas e da capacidade de teste da realidade.

Jacques Lacan

Para Lacan, as estruturas são três: neurótica, psicótica e perversa, todas elas vinculadas à castração. Na neurose, a castração está relacionada com o recalque; na psicose, com a forclusão; e na perversão, com a recusa. Para o lacaniano, o Transtorno de Personalidade *Borderline*, do ponto de vista deste livro, "não existe" — a tendência seria considerá-lo histeria grave ou perverso. Segundo esta concepção teórica, a fragmentação ou a relação anaclítica estariam diluídas nas três estruturas, sem ter uma distinção especial.

O psicólogo anterior de Ronaldo, que tinha uma avaliação lacaniana, segundo Roni e informações de familiares, *parece* tê-lo considerado como um perverso, provavelmente também influenciado por seu comportamento antissocial, o que faz sentido dentro da concepção estrutural adotada pelos profissionais dessa linha de trabalho. Interessante observar como a opção teórica norteia o olhar clínico. No caso de Ronaldo, a suspeita familiar de que ele poderia ser um antissocial perigoso se deve a uma impossibilidade dos conceitos lacanianos de observar o paciente sob outro ângulo que não a castração.

Jean Bergeret

Bergeret faz uma divisão entre três diferentes tipos de personalidade: psicótica, neurótica e estado-limite (ou estado-limítrofe). Para ele, as personalidades neurótica e psicótica são "estruturas", e a estado-limite é uma "organização". A estrutura é estável e irreversível, e a organização é provisória, embora possa se prolongar indefinidamente no tempo. Dentro das estruturas, o indivíduo varia do espectro da normalidade para a patologia — segundo Bergeret, pode-se encontrar a personalidade neurótica normal e a patológica, e a personalidade psicótica normal e a patológica.

Os principais critérios de classificação para os três tipos de personalidade são: Instância dominante na organização (1); natureza do conflito (2); natureza da angústia (3); defesas principais (4); e relação de objeto (5), conforme quadro a seguir.

	(1)	(2)	(3)	(4)	(5)
estrutura neurótica	superego	superego com id	de castração	recalcamento	genital
estrutura psicótica	id	id com a realidade	de fragmentação	recusa da realidade; clivagem do ego; projeção	fusional
organizações limítrofes	ideal do ego	ideal do ego com id e realidade	de perda do objeto	clivagem dos objetos; forclusão	anaclítica

Na estrutura neurótica, o superego está constituído, a angústia maior é de castração, o mecanismo de defesa típico é o recalcamento. A relação com os pais é triangular. A linguagem do neurótico é simbólica, é a expressão simbólica do desejo, há coesão entre conteúdo e continente. Na estrutura neurótica, temos a estrutura histérica e a estrutura obsessiva. Na estrutura histérica, os dois pais operam uma excitação e uma interdição sexuais. Na estrutura obsessiva, os dois pais interditam as duas pulsões, a sexual e a agressiva.

Na estrutura psicótica, a natureza da angústia é de fragmentação, o ego não é completo, e o superego não organiza; a organização dominante é do Id, levando a um conflito com a realidade, o que conduz à recusa desta como mecanismo de defesa. Na linguagem, o continente é mais importante que o conteúdo, a linguagem se situa no enquadre da ação: o esquizofrênico não "fala" e não "pensa", ele age com as palavras.

Quanto ao estado-limite, a relação de objeto é anaclítica, ou seja, de apoio. Há uma relação de dependência, os dois pais não são sexuados, mas "grandes". Há necessidade de afeto, de apoio e de compreensão. O ego é frágil. O objeto anaclítico tem o papel de superego auxiliar e ego auxiliar, ora protetor, ora de interdição. A instância dominante é o ideal do ego, em quem o sujeito se espelha. A angústia é de perda do objeto, do qual ele se torna dependente. A angústia depressiva, da qual o estado-limite se defende, aparece quando o objeto anaclítico ameaça escapar — a depressão não é melancólica (mais ligada ao ódio voltado para si), mas depressão "neurótica".

Para Bergeret, o *borderline* se inscreveria dentro do que ele denomina de estados-limite. Assim como o esquizofrênico seria o caso grave da estrutura psicótica e a "histeria" ou o Transtorno Obsessivo Compulsivo seriam os casos graves da estrutura neurótica, o Transtorno de Personalidade *Borderline* seria um dos casos graves da organização-limite.

Segundo esta concepção de Bergeret, o que se nota em um TPB é como se fosse uma lente de aumento de algo que também se pode observar em diversos outros pacientes estados-limite. Mesmo que não se queira raciocinar em termos de estruturas de personalidade, é cabível levar em conta algumas características dos estados-limite como pertinentes para o Transtorno de Personalidade *Borderline*.

André Green

Green (1999) assinala que o *borderline* constitui um novo paradigma (p.23) para a Psicanálise afirmando: "Eis a ideia a reter da segunda metade da obra de Freud: a pesquisa de equivalentes em nível do ego, daquilo que são as perversões para a sexualidade. Eis aqui a mudança de paradigma" (p. 29).

André Green assinala a angústia de separação (de perda do objeto) e a angústia de intrusão como as angústias principais do *borderline*.

Green (1999) aponta que

> (...) no estudo dos *borderlines* não se pode colocar o estudo do ego em segundo plano. Particularmente em sua relação com o objeto. O ego está marcado por duas angústias: as angústias de separação, de uma parte, e, de outra, as angústias de intrusão. Isto coloca problemas técnicos imediatos. A técnica kleiniana aparece como extraordinariamente intrusiva e frequentemente insuportável. É por isso que, nestes casos, as teorias da transicionalidade de Winnicott são extremamente preciosas. (p. 39)

Na neurose, a angústia considerada é a de castração. Freud percebeu sua importância na constituição do ser humano e a estudou em seus diversos aspectos. Embora a questão da castração esteja presente no *borderline*, ela não é estruturante da sua personalidade, como acontece no neurótico. Green (1999) salienta que "o que é angústia de castração para a neurose, é angústia de separação para os casos-limite" (p. 40).

Green postula dois mecanismos fundamentais para os estados-limite: a clivagem (não no sentido freudiano, mas kleiniano) e a "depressão", que se manifesta por uma perda do gosto pela vida, pela diminuição do que constitui o tônus vital.

Ele aponta que, se no início, para Freud, o modelo da psicanálise era o da representação psíquica, a partir de 1920 ocorre uma ruptura com a compulsão à repetição, e o modelo se altera para o agir, a descarga, o ato ameaçando a elaboração psíquica. É onde para Green (1999) o *borderline* encontra-se enredado, no fantasma que não é elaborado, mas evacuado; um aparelho que se automutila pela recusa, pela forclusão e pela clivagem (p. 44). Não é a realização de desejo que prevalece, mas a tendência ao agir, à descarga, à repetição (pp. 51-52). A elaboração psíquica cede lugar ao agir, à ação.

A questão da identidade também está presente em Green. Ele aponta que o que aparece no neurótico como identificação ("Eu sou como meu pai"), aparece no estado-limite como confusão de identidade ("Não sabia mais quem eu era, se eu ou meu pai").

Donald Winnicott

Winnicott não se preocupou com as delimitações tradicionais da psicopatologia, embora se refira algumas vezes ao *borderline*. Sua preocupação maior foi com a constituição do indivíduo enquanto ser humano, os caminhos e descaminhos da formação do *self*.

O reconhecimento de que alguém não existe ("você não tem boca", "você ainda não existe"), para Winnicott, é fundamental em algumas análises, porque muitas pessoas têm um comportamento de adulto, mas ainda não se sentem completos, ou existindo, o que é comum de acontecer no caso do *borderline*. Nessas pessoas, o *self* não está constituído; daí as vivências de vazio e de falta de sentido de vida, resultando em tédio e depressão.

Esses indivíduos necessitam de uma experiência com alguém capaz de acompanhá-los na constituição de seu *self*, o qual não pôde ser constituído a contento em razão de um ambiente não suficientemente bom na infância. O ambiente em que alguém é criado é fundamental, porque a relação entre pessoas, para Winnicott, envolve dois sujeitos reais, e não apenas projeções destes. O "uso do objeto" significa que o objeto existe, em vez de ter sido colocado no mundo pelo sujeito.

Segundo Winnicott (1971),

> (...) relacionar-se pode ser com um objeto subjetivo, ao passo que o usar implica que o objeto faz parte da realidade externa. Pode-se observar a seguinte sequência: 1. O sujeito se relaciona com o objeto; 2. O objeto está em processo de ser descoberto, em vez de ser colocado no mundo pelo sujeito; 3. O sujeito destrói o objeto; 4. O objeto sobrevive à destruição; 5. O sujeito pode usar o objeto. (p. 131)

Ele fala do valor positivo da destrutividade, quando o objeto sobrevive à destruição, pois "coloca o objeto fora da área dos objetos criados pelos mecanismos mentais projetivos do sujeito" (Winnicott, 1971, p. 131).

Paciente e analista estão sendo "criados" e "descobertos" um pelo outro, numa relação de mutualidade e reciprocidade, que é mais que mera relação objetal na transferência. Tais reflexões possibilitam visualizar duas pessoas reais interagindo, o que permite compreender o conceito de invasão, ou intrusão. Winnicott (1958) denominou

> *Preocupação Materna Primária* quando a mãe fornece uma adaptação suficientemente boa à necessidade; a própria linha de vida do bebê é muito pouco perturbada por reações à invasão. Fracassos maternos produzem fases de reação à invasão, e estas reações interrompem o "continuar a ser" do bebê. Um reagir excessivo não produz frustração, mas uma ameaça de aniquilação. (p. 26)

O *borderline* encontra-se nestas encruzilhadas. Não foi possível lhe oferecer um ambiente suficientemente bom, tendo ele reagido mal às invasões (ou intrusões) que sofreu em sua vida. Por isso o *borderline* não é capaz de destruir e de usar o objeto, ficando preso em relações de dependência anaclítica com objetos subjetivos, sem relacionamentos com pessoas reais e sem conseguir se sentir real, pois seu *self* não está constituído.

Cabe ressaltar que o *self* não é o ego, é a pessoa que eu sou, que é somente eu.

O tratamento nestes casos consiste em estabelecer uma condição de regressão para que o paciente seja acompanhado pelo analista no seu caminho de constituição de um *self* verdadeiro. Isto é possível por meio da criação de um enquadre que possibilite o *holding*. Segundo Khan, no Prefácio de Winnicott (1958), para ele "o potencial herdado de um bebê só pode vir a ser um bebê, se ligado à maternagem. O conceito de Winnicott do provimento materno neste estádio da maternagem é o *holding*" (p. 43). Cabe ao analista sustentar seu paciente, sem invadi-lo, acompanhando-o em seu próprio caminho de constituição de sua subjetividade. Este seria o longo processo de seguir o *borderline* para poder ajudá-lo a encontrar algo de realmente seu, que possa aliviar seu tédio e sua falta de sentido na vida.

Observação

É fundamental para o estudioso e para o clínico a teoria aliada à prática. Impossível atender pessoas de forma coerente e cuidadosa sem respaldo teórico. Por outro lado, a escolha teórica implica preferência pessoal. Não há teoria melhor ou pior, a não ser que o profissional seja fanático seguidor de si mesmo ou de algum teórico qualquer e acredite ser ele o único certo e os outros, os errados.

Este livro, como qualquer outro, tem suas afinidades e suas escolhas. Não será contemplada a proposta de se entender o conceito de *"borderline"* como uma questão de limites em geral, como uma dimensão da personalidade a ser encontrada em patologias diversas, ou seja, a ideia do livro será concordar com os autores que implicam o *borderline* em uma linha comum de características observadas em determinado tipo de paciente.

3
Reconhecendo o *borderline*

Este capítulo aborda as características mais comuns do *borderline*, do ponto de vista psicanalítico. A angústia de separação, o dilema com a identidade, a clivagem, o vazio, a questão do narcisismo, a agressividade, a impulsividade e o suicídio são problemas constantes na clínica do Transtorno de Personalidade *Borderline*. Esses temas estão presentes na teoria da maior parte dos autores que estudam o assunto e podem ser observados na prática cotidiana com estas pessoas.

São pacientes difíceis, com longos anos de análise (frequentemente mais de dez anos) e que exigem experiência e paciência por parte do terapeuta que se dispuser a atendê-los.

Angústia de separação

No *borderline*, a natureza da angústia é de separação, de perda do objeto, correspondendo aos "esforços frenéticos para evitar o abandono real ou imaginado", segundo o DSM-IV.

O *borderline* estabelece uma relação de apoio (anaclítica) com o outro. O "border" angustia-se com o outro que não está presente, com a ausência da pessoa que possa lhe apoiar; sua angústia é de não poder contar com essa figura de apoio na hora em que necessitar.

Pode-se considerar que a preocupação materna primária falhou com o paciente *borderline*, e ele sempre precisará estar com o objeto para tentar recompor seu *self* não constituído.

Segundo Ogden (1996), discorrendo sobre Winnicott,

> O bebê requer a vivência de uma forma particular de intersubjetividade na qual o ser da mãe é vivido simultaneamente como uma extensão do bebê e como outro com respeito a ele. Somente mais tarde, o bebê poderá apropriar-se desta intersubjetividade, ao desenvolver a capacidade para estar só (no sentido de Winnicott), ou seja, a capacidade de ser um sujeito independente da participação efetiva da subjetividade da mãe. (p. 51)

Justamente o "border" não é capaz de desenvolver esta capacidade para *estar só*, porque o ambiente não permitiu o desenvolvimento natural do bebê. O *borderline* não tem seu *self* constituído; então, o terapeuta funciona como um objeto-subjetivo para ele. Talvez por isso mesmo a relação de dependência se estabeleça de maneira tão forte, porque o analista está constituindo o paciente enquanto pessoa; quando o terapeuta se afasta, o "border" se sente mais que desamparado, sente-se como que inexistente. A relação é anaclítica (de apoio), porque o "border" necessita de seu terapeuta para constituir seu *self*, para tornar-se sujeito de si mesmo.

Dito de outra forma, Chabert (1999) escreve sobre a perda do outro nos estados-limite: "a perda do outro, quando ele desaparece, desencadeia a perda de si; perder o outro de vista não permite que se mantenha a sua existência como objeto interno, no interior do psiquismo, o que resseguraria o sentimento de continuidade do existir" (p. 97).

Exemplificando, lembro-me de situação no consultório, com *borderline*, quando me levantei para regular a temperatura do ar condicionado. Embora eu estivesse prestando atenção no que a paciente falava e não tenha tirado meu olhar dos olhos dela, a paciente ficou muito magoada e irritada comigo por eu não estar completamente voltado para ela no horário sagrado da *sua* sessão. Essa necessidade absoluta do terapeuta, em que um terceiro não é admitido, deve ser aceita e reconhecida, e o manejo da situação requer sensibilidade por parte do analista. Qualquer sinal de que o terapeuta ache exagerada a atitude da paciente ou que se sinta sufocado pela intensidade das exigências de cuidados será sentido por ela e pode ser responsável pela perda de confiança na relação terapêutica. Após algum tempo de análise (às vezes são anos), a confiança já poderá ser considerada estabelecida, e algumas frustrações poderão ser incluídas.

No caso de Ronaldo, ele não consegue trabalhar sem apoio de algum empregado, em quem coloca diversas qualidades e sem o qual se sente perdido. Ao mesmo tempo, teme que seu gerente se afaste, mesmo ciente de que ele está satisfeito em seu trabalho, pelo menos no momento. Ele não consegue acreditar que seu gerente, se assim o desejasse ou se fosse capaz, montaria negócio próprio. Roni não confia que é útil e necessário para seus negócios.

Roni sente-se confortável quando monta uma equipe de trabalho e oferece condições especiais aos seus empregados, tais como emprestar seu carro alguns dias, dar refeições, pagar aluguel por algum tempo, prestar algum favor. Com isso, ele pretende ser visto como "amigo e protetor". Sua fantasia preferida é ser aplaudido, por funcionários agradecidos, ao redor da mesa de um almoço oferecido por ele, no local de trabalho.

Esse desejo de ser um "senhor feudal" é muito mais uma necessidade de *outro*, do que uma intenção de mando. Como "senhor feudal", ele acredita garantir que os empregados dependam dele e o aplaudam pela sua benevolência — por isso trata bem seus empregados.

A relação anaclítica, observe-se, adquire diversos ângulos; no caso de Ronaldo, por exemplo, ter seguidores é uma relação de apoio. Em outros casos, o apoio pode ser conseguido acompanhando-se uma religião, ou uma Igreja, ou um time de futebol, ou se tornando fanático seguidor de um grupo qualquer. Note-se que nem todo apoio é característica *borderline* e que, muitas vezes, apoios são saudáveis e bem-vindos.

Identidade

O poeta Carlos Felipe Moisés (1998), em um trecho de seu poema *Lagartixa*, assim se refere a ela:

O ventre é quase nada,
pura transparência
onde se escondem
o dorso e seus andaimes.
Não tem entranhas.
A pele
de tão fina
já não é:

limita
semovente
o nada de fora
e o quase nada
de dentro. (p. 67)

Talvez um *borderline* se sinta assim em relação ao mundo. Seu *self* ainda não está constituído, a pele pouco limita o "nada de fora e o quase nada de dentro". O nada de fora pode ser representado pela dificuldade do "border" de enxergar o outro, e o quase nada de dentro demonstra o problema de identidade que ele vive.

Por outro lado, há suficiente diferenciação entre representações do *self* e representações do objeto para permitir a manutenção de fronteiras do ego, delimitação clara entre o *self* e os outros, o que não ocorre no psicótico.

Kernberg (1989) salienta a difusão de identidade como a "falta de integração do conceito de *self* e de outros significativos" (p. 15).

Essa integração insuficiente é responsável, segundo Kernberg (1984), pela

(...) experiência subjetiva de vazio crônico, autopercepções contraditórias e percepções empobrecidas dos outros. A difusão de identidade aparece na incapacidade do paciente de transmitir ao entrevistador a existência de interações significativas com outros, o qual não consegue, então, empatizar com a concepção do paciente de si mesmo e dos outros em tais interações. (p. 13)

O paciente *borderline* não conseguiu constituir seu *self*, pois não teve possibilidade de experimentar o *holding* adequado para a sua constituição. Por não ter tido uma experiência intersubjetiva satisfatória com o ambiente, o *borderline* não desenvolveu a capacidade para estar só e não conseguiu tornar-se um sujeito independente da participação da subjetividade do outro. Por conta disso, sua existência é perturbada por invasões (do ambiente) que interrompem o continuar a ser do *borderline*, produzindo uma ameaça de aniquilação.

Nesse clima, não é fácil estar com sua identidade constituída. Daí a necessidade que tem o "border" da presença, numa relação anaclítica, de alguém que lhe proporcione condições de acesso à sua subjetividade.

Recordo-me de um caso em que os pais insistiam para que a paciente, com vinte e dois anos, fizesse faculdade, apesar de ela não se achar em condições. Ao mesmo tempo, queriam a todo custo que ela tivesse qualquer atividade (como natação, inglês, pintura, dança, por exemplo), o que ela não suportava, porque a vivia como invasões de desejos que não eram os seus.

O problema era que, por não ter seu *self* constituído, ela não sabia ao certo qual era o "seu" desejo, daí exasperando os pais que, em razão disso, invadiam mais e mais, solicitando que ela fizesse alguma coisa, *qualquer coisa* que a tirasse da paralisia e do vazio em que vivia.

Apesar de os pais dizerem que ela poderia fazer "o que quisesse", a paciente sabia, por diversas entrelinhas e críticas sutis, que não era bem assim. Ela não podia simplesmente *fazer nada* e estar acompanhada nestes momentos, o que seria fundamental para a possibilidade de construção de seu próprio desejo.

A *preocupação materna primária* parecia não existir nessa família, e a paciente não tinha a possibilidade de *estar só*, para então sentir-se livre para fazer nada e somente depois poder encontrar o que verdadeiramente quisesse. As invasões eram contínuas, e as reações à invasão eram em geral violentas.

A questão da identidade, no "border", complica-se também porque ele está mais influenciado pelo ideal do ego que pelo superego. Não que o superego não exista no "border", mas o ideal do ego é fundamental na composição de sua personalidade.

Com isso, ele se debate com a questão de se relacionar com figuras idealizadas com as quais mantém uma relação de admiração e desvalorização, sendo-lhe penoso reconhecer seus próprios limites e capacidades.

Em razão disso, o TPB não conhece seu próprio potencial, pois seus parâmetros são sempre ideais inalcançáveis; então, termina por não se conhecer, atrapalhando mais ainda suas possibilidades de apropriar-se de sua identidade.

Frequentemente, o *borderline* é presunçoso quando consegue iniciar um trabalho qualquer: sua meta é ser reconhecido e famoso, ou nada valerá a pena. Como em geral não é aplaudido *imediatamente*, ele abandona a tarefa de forma prematura, sem obter resultado algum.

Nota-se que o ideal do ego torna a vida do *borderline* bastante complicada porque o paralisa, e ele não consegue obter experiências práticas que poderiam auxiliá-lo na composição de sua subjetividade.

Ronaldo, por exemplo, está permanentemente lidando com a possibilidade de parar sua atividade de comerciante, porque a considera sem importância diante das exigências de seu ideal do ego, qual seja, redimir o nome da família na colônia.

Como o *borderline* não tem o *self* constituído e, além disso, é influenciado pelo ideal do ego, a tendência é não ter sentido em sua vida, não ter objetivos definidos; daí estar, em geral, entediado, sem rumo, com uma sensação horrível de vazio constante.

Estes sintomas são comuns no *borderline*, tornando sua vida um lugar tenebroso de habitar, pois a aridez de uma vida sem sentido é algo que explica a lembrança frequente (às vezes diária) de suicídio por parte do "border", e também a alta porcentagem de suicídio (10%).

No caso de Ronaldo, observe-se que ele é conhecido por diversos nomes, como Roni, Ron, Aldo, Naldo, Nal, Naldi, Ronaldinho, Dinho, denotando uma dispersão de identidade, pois ele se apresenta de diferentes maneiras em lugares diversos. Sua dificuldade de completar uma faculdade, tendo passado por três cursos diferentes, justifica-se pela falta de sentido que cada carreira ia tendo à medida que qualquer dificuldade aparecesse, como uma prova difícil, ou um professor que fosse mais rigoroso, ou colegas pouco ou nada acolhedores, ou a percepção de que a profissão não lhe traria o reconhecimento previsto ao iniciar a faculdade. O *self* não constituído dificultou sua escolha por uma carreira.

O sentido na atividade de comerciante vem acompanhado de ideais de se tornar um grande empresário, para redimir o nome dele e o da família. Roni está constantemente envolvido com exigências de seu ideal do ego para se tornar importante dentro da colônia árabe. Como foi exposto a comparações com os ricos da colônia desde pequeno, não consegue constituir-se sem essa imposição, estando permanentemente às voltas com uma identidade com a qual ele não se sente confortável. Frequentemente ele repete a frase: "eu vivo do olhar do outro".

Ronaldo foi, desde bem pequeno, submetido a críticas e xingamentos ferozes. Ao pedir dinheiro para os pais, ao não conseguir concluir uma faculdade, ao falir e ter deixado dívidas, ou ao simplesmente estar em casa fazendo nada, foi sempre agredido verbalmente de forma contundente.

Para Ronaldo, sentir-se bem é tarefa quase impossível, pois aprendeu a se criticar e se xingar, como seus pais sempre o fizeram. É-lhe difícil existir sem essa identidade de alguém execrável, que nada de importante conseguiu (leia-se reconhecimento familiar e da colônia árabe).

Clivagem

O *borderline* não pode admitir o outro enquanto mau, porque assim teria de temê-lo, e ele já é por demais frágil para tanto. Daí o TPB constrói um objeto apenas bom, que será capaz de auxiliá-lo na condução do estabelecimento de sua subjetividade. O "border" tem de dividir o objeto em bom ou mau, já que tem receio de perdê-lo, pois necessita dele para se constituir enquanto sujeito.

O "border" não foi capaz de destruir e de usar o objeto, no sentido de Winnicott. O ambiente não foi suficientemente bom para permitir ao "border" que ele seja capaz de utilizar sua agressividade de maneira construtiva.

A própria continuidade do objeto está ameaçada pela agressividade do "border", em função de o ambiente não ter sido capaz de propiciar-lhe esta experiência enquanto bebê. Se ele agride, o medo é que o objeto seja destruído e não mais se reconstitua. Daí a necessidade de clivagem do objeto em bom ou mau, sem se poder integrar os dois num só.

Não será possível odiar o objeto. Este não pode ser mau, tem de ser apenas bom para poder proteger o "border", que não vai poder agredir o outro porque ele precisa do objeto inteiro (não destruído) para obter apoio.

Várias vezes o TPB telefona para seu terapeuta, para seu objeto de apoio, somente para saber se ele está vivo, se ainda vai atendê-lo, se não vai abandoná-lo, se não foi destruído por algo que ele disse ou fez na sessão. Ele diz: "Você não vai mais querer me atender, olha só o que eu fiz". Ou então: "Você ainda vai continuar gostando de mim depois do que eu fiz?". Em geral, o que ele "fez" são questões que ele supõe irão contrariar o terapeuta, o que seria potencialmente um motivo para ser abandonado.

Ao mesmo tempo, são experiências que ele vai tendo de poder desagradar o terapeuta e ainda o ver inteiro, continuando a atendê-lo. Com estas vivências, o "border" vai testando a possibilidade de destruir e de usar o objeto, no sentido de Winnicott.

O curioso, em relação aos TPB, é que, apesar de eles considerarem o objeto de apoio como apenas bom, isso não quer dizer que sigam as orientações deste em qualquer circunstância. Caso se sintam invadidos por alguma vivência intrusiva, reagirão também contra o objeto anaclítico, embora depois fiquem extremamente angustiados com isso.

É complicado para o analista defrontar-se com uma pessoa mergulhada em um vazio horrível sem interferir — a vontade de dar sugestões e conselhos é enorme, inclusive porque o *borderline* os solicita.

Nesses casos, o cuidado que o terapeuta deve ter é de não ficar contrariado com a negativa do *borderline* em seguir suas sugestões (de fazer um curso, ver um filme, ler um livro, consultar um terapeuta ocupacional, procurar um endocrinologista, por exemplo), pois se ele não o faz não é por birra, mas por falta de condições de cumprir uma demanda que não é a sua, naquele momento. O terapeuta vaidoso ou autoritário, que não puder ser contrariado, terá inúmeras dificuldades de lidar com o *borderline*, e este se angustiará bastante porque para ele é difícil contrariar seu objeto de apoio.

Cabe ao analista saber reconhecer o desejo incipiente do *borderline* e auxiliá-lo, vagarosamente, na aproximação cautelosa de interesses genuínos, quando eles existem. Muitas vezes, o que ele apenas deseja é permanecer quieto e sem solicitações, para garantir a continuidade de uma existência incipiente.

No *borderline* existe conquista edípica e superegóica, embora estes não sejam os organizadores da personalidade.

O superego não está constituído enquanto instância dominante, é o ideal do ego que se constitui enquanto tal. O ideal do ego remete o *borderline* a ter uma relação de idealização com o outro, ora o idolatrando, ora o odiando. Esta clivagem objetal permite que o sujeito muitas vezes negue características negativas em alguma pessoa que funcione como suporte objetal.

Por causa do domínio do ideal do ego, o *borderline* tem de lidar com uma severa crítica em relação aos outros e a si mesmo. É devido à exigência e à crítica desmedidas que o objeto de apoio se torna idealizado e sem defeitos.

Exigente, o TPB se percebe insuficiente, em razão de tecer comparações contínuas com imagens idealizadas de si e dos outros. Como nem ele nem os outros atingem os padrões de exigência fantasiados, o *borderline* está sempre insatisfeito.

Como exemplo, cabe citar paciente que acreditava não ser filha de seus pais, pois eles seriam traficantes de bebês. Como não se sentia amada ou acolhida como gostaria, estes pais não eram os seus, não eram compatíveis com seu ideal de pais acolhedores e amáveis, supridores de seus desejos, capazes de preencher seu vazio e eliminar seu tédio.

Durante o tratamento, por um longo período, o analista entra neste lugar idealizado, como alguém capaz de entender e proteger o *borderline*. A relação terapêutica estará marcada por esta dependência do TPB desta figura idealizada do terapeuta. Apenas com o tempo, e penosamente, o analista conseguirá fazer o seu paciente ver que ele (analista) também tem suas deficiências, incapacidades, angústias, que é humano como outro qualquer. Mas por um bom tempo este lugar idealizado precisará ser preenchido, a fim de dar segurança ao *borderline* para refazer sua história de vida, para poder se sentir capaz de enfrentar as pessoas do mundo real, fora da proteção do consultório.

Compreender a necessidade do *borderline*, sem fazer exigências, não significa querer ficar em um lugar idealizado para o paciente (alguém que não faz cobranças), mas tentar lhe oferecer espaço próprio para auxiliá-lo na constituição de sua subjetividade.

Com o tempo, caberá ao analista frustrar o *borderline* paulatinamente, para que ele tenha a experiência de poder odiar o analista e verificar que não o destruiu. A possibilidade de integrar o objeto bom e mau em um só é tarefa árdua a ser construída no cotidiano da análise.

No caso de Ronaldo, ele precisou acreditar que sou apenas bom, criando-me como um ser de sucesso, morando em um apartamento enorme, com carros importados, com uma vida tranquila e sem angústia, bem-casado e com muitas mulheres.

Ele questionava minhas roupas, preferindo que eu usasse as grifes que ele considera na moda, reclamava do meu tapete que não é persa do tipo adequado e se regozijava de minha qualificação profissional, ou seja, necessitava acreditar que eu sou merecedor de admiração. Ao mesmo tempo, exigia que eu criticasse seus irmãos e o terapeuta anterior e se incomodava porque eu não o fazia, preocupado se não estou "ao seu lado", sempre na esperança de que algum dia eu ainda vá criticá-los. Eu preciso ser só bom, e ele receia muito que eu me transforme no terapeuta anterior (que hoje é todo mau), pois, segundo Roni, o terapeuta deixou de gostar dele na ocasião da falência.

Narcisismo

Em Carroll (1872), temos Alice conversando com um ovo, chamado Humpty Dumpty:

> Mas que cinto bonito o senhor tem! — observou Alice de repente. Ou melhor — corrigiu-se depois de refletir um pouco —, que bela gravata, eu devia dizer ... não, um cinto, isto é ... oh, mil perdões! — exclamou consternada, ao ver que Humpty Dumpty parecia totalmente ofendido (e como ela gostaria de não ter escolhido tal assunto). "Se ao menos eu soubesse" — pensou consigo — "o que é pescoço e o que é cintura nele!".

Humpty Dumpty estava evidentemente furioso, pois não disse palavra durante um ou dois minutos. Quando voltou a falar, foi num murmúrio profundo.
— É algo... profundamente irritante — disse por fim — que alguém não saiba distinguir uma gravata de um cinto! (CARROLL, 1872, p.194).

Por um lado, pode-se pensar que Humpty Dumpty é a própria imagem do *borderline*. É um ovo que se encontra sentado em um alto muro, tão estreito que Alice se pergunta como pode alguém se manter equilibrado ali.

O "border", em razão de seu dilema com a identidade, encontra-se em equilíbrio instável, prestes a cair do muro de uma existência sem sentido.

Por outro lado, Alice tem dificuldade de distinguir o pescoço da cintura. É mais ou menos assim que um *borderline* se sente diante do outro, com muita dificuldade para percebê-lo, como se estivesse diante de um ovo que não consegue entender ou de um rosto que não consegue decifrar. Consequentemente, em diversas oportunidades, o outro pode se sentir como o Humpty Dumpty, ou seja, irritado por não ser levado em conta.[1]

Isso ocorre porque no TPB o narcisismo é acentuado, e ele tem muita dificuldade de perceber o lado do outro, só conseguindo visualizar suas próprias necessidades.

Kernberg esclarece que é a difusão de identidade a responsável pelas "percepções empobrecidas" dos outros. Como o paciente não tem um *self* constituído, pode-se supor que lhe é difícil enxergar o outro, inclusive porque não consegue enxergar-se com precisão. O "border" mal dá conta dele mesmo, como vai conseguir dar conta do que é do outro?

Não é tarefa simples tentar fazer com que o *borderline* enxergue a outra pessoa. Como está voltado para si, o TPB tem muita dificuldade para compreender e aceitar as necessidades alheias.

Esse fato é curioso, porque o "border", em virtude de sua relação com o outro ser anaclítica (de apoio), está sempre atento aos movimentos afetivos alheios, para poder se localizar e perceber o que é agradável e o que não é, com a finalidade de evitar abandonos.

---

1   Claro está que Alice não é *borderline*.

Apesar desta sensibilidade para perceber os detalhes das reações afetivas alheias, o *borderline* está atento ao outro para se localizar (e se posicionar) em relação a este, visando seus próprios interesses, e não para percebê-lo (o outro) em suas necessidades.

Uma das mazelas do *borderline* é que, por causa da dificuldade para enxergar o outro, torna-se complicado ter amigos ou namorados. Ele se aborrece com qualquer assunto que não lhe diga respeito diretamente, necessitando ser sempre o centro de tudo. Como isso nem sempre ocorre (ou talvez ocorra raramente), ele se irrita, causando problemas às vezes sérios. Embora precise muito de alguém, acaba afastando as pessoas, apesar de ser às vezes pessoa suficientemente interessante.

Cabe ao analista ter paciência, ter suficientemente estabelecida a confiança na relação terapêutica, para então iniciar o processo de reconstrução da vida do paciente independentemente de um outro. O *borderline* necessita, no início, que o terapeuta esteja apenas presente, acompanhando sua evolução, sem grandes interpretações, como faria a mãe com o bebê que brinca ao seu lado; ela simplesmente fica ali, atenta, embora sem se intrometer.

Somente com o tempo o *borderline* será capaz de incluir o outro como alguém separado, alguém que estará ali também para se ater às suas (do outro) próprias necessidades e desejos, sem ter sua existência marcada simplesmente para servir ao *borderline*.

No caso de Ronaldo, embora tenha muito medo de perder a esposa, raras vezes leva em consideração as vontades dela. Quando ela pede para comprar uma casa ou viajar, ele acha isso, do ponto de vista dos investimentos em seu novo negócio, um desperdício. Quer sempre crescer, comprar mais e mais bancas de jornal e não pensa, em hipótese nenhuma, em abrir mão de mais uma banca para sair do aluguel ou gastar dinheiro em passeios, mesmo que isso seja importante para ela.

Em relação aos pais, ele quer utilizar o dinheiro da família para construir um armazém, não aceitando o pai querer o dinheiro (que é do pai) para usufruir e viver melhor. Para Ronaldo, o desejo dos pais não lhe faz sentido, e ele considera um absurdo que eles não queiram crescer sempre como ele quer. Essa discordância é fonte de conflitos sérios, e Roni tem muita dificuldade, quando não impossibilidade, de compreender e aceitar o ponto de vista dos pais.

Outra paciente, com trinta anos e sem ocupação alguma, não aceitava que seus pais tivessem carros de bom padrão e viajassem sempre, enquanto ela tinha um carro mais simples e não tinha dinheiro suficiente à mão. Ela queria que eles estivessem sempre à sua disposição, gastando muito dinheiro com ela, embora sistematicamente ela os agredisse, reclamando que não cuidavam dela o quanto considerava necessário. A equação "eu os agrido, vocês me devem, vocês precisam fazer tudo por mim e eu nada por vocês" foi cansando paulatinamente os pais, o que é comum diante das exigências infindas do *borderline*.

Agressividade

Quando contrariado, o *borderline* pode recusar-se a admitir limites e até se tornar agressivo. É corriqueiro que estes pacientes não consigam controlar seus impulsos.

A agressividade é comum, podendo o paciente ter um histórico de refregas e discussões com familiares ou com estranhos (brigas e confusões na rua são frequentes). Em geral, são fruto de explosões em situações contornáveis aos olhos do observador, mas que o *borderline* não consegue evitar. Comumente, após o episódio agressivo, arrependem-se. Cortar-se impulsivamente é uma forma do *borderline* se sentir vivo; o corpo reafirma sua presença na dor.

Alguns filmes e literatura exploram estas características do *borderline*, embora assassinatos sejam muito menos frequentes do que o suicídio, a autoagressão ou a automutilação.

O número de *borderlines* nas cadeias é grande, em função desta agressividade e impulsividade. Da mesma forma, nas confusões de trânsito, no feminicídio, nas brigas entre torcidas de futebol, no abandono das ruas, na automutilação, no exagero das drogas, nos atos impulsivos inexplicáveis, com frequência, embora nem sempre, é possível se estar diante de um *borderline*.

Bergeret (1991) afirma que

> (...) a primeira estrutura mental eficiente na criança muito nova ainda não é uma pulsão erótica, mas uma manifestação instintiva brutal, sem amor nem ódio, marcada pela angústia, em face de imagem ainda fluida do outro, angústia de que não haja lugar ao sol para dois, que não haja lugar ao mesmo tempo para o mundo dos adultos que o cerca e para o sujeito frágil que vive confrontado com eles sem ter outro recurso mental primitivo que não o dilema impiedoso do "ele ou eu", do "eles ou eu". É assim que se inicia o drama edipiano em todos os indivíduos. (p. 203)

Essa violência varia segundo o modo de estruturação do indivíduo e, nos estados-limite (no *borderline*, no caso), se mantém em estado "livre", não conseguindo utilizá-la com fins objetais exteriorizados, seja num sentido amoroso, num sentido verdadeiramente agressivo ou sádico.

Continua Bergeret (1991):

> A única secundarização possível nestes pacientes e que constitui um amálgama entre violência e libido, situa-se num eventual masoquismo moral (...) uma via muito ameaçadora de ataque a si próprio, no fim do qual vemos sempre despontar o risco suicidário, seja qual for sua forma aparente. (p. 208)

Devido à fragilidade das funções do ego, ideal do ego e superego, o estado-limite encontra-se aturdido em face da sua violência intrínseca, com muita dificuldade para administrar sua raiva e seus temores, tornando-se vítima de seus impulsos, que frequentemente adquirem caráter de autoagressão.

A angústia não é nem de castração, como no neurótico, nem de fragmentação, como no psicótico, mas, para Bergeret (1991),

> (...) angústia muito viva de perda do objeto, consequência da persistência da representação primitiva "ele ou eu", transformado com a idade e a instauração da relação de dependência defensiva em: "se ele desaparecer eu não sou nada". Não se trata de um verdadeiro conflito, mas de um sentimento íntimo de incapacidade das principais funções do ego, do ideal do ego e do superego. (p. 209)

Em razão dessa fragilidade, o *borderline* não se apropria de sua agressividade, que se torna latente e não dirigida para fins claros e definidos pelo sujeito da ação. O *borderline* terá dificuldade de dizer "não", pois precisa do apoio do outro — ele tende a mudar de ideia para concordar com o interlocutor a fim de não o contrariar.

No neurótico, o imaginário ambiental intervém e excita libidinalmente o imaginário da criança, de forma oportuna e progressiva.

No psicótico, a indução do imaginário do ambiente aparece pouco libidinizada, centrando-se numa problemática agressiva.

Nos Estados-limite, para Bergeret (1991),

> (...) o ambiente não opera nenhuma indução imaginária válida sobre os registros dos modelos libidinais, sem valorizar de forma idêntica os modelos agressivos. Estes ficam simplesmente latentes, flutuantes, inutilizados, não estimulados e, sobretudo, não integrados numa vetorização libidinal. (p. 211)

E, ainda:

> A angústia de perda do objeto não é apenas receio do afastamento do objeto, mas o medo que a própria violência do sujeito — o *borderline*, no caso — implique numa perda mais radical, ou seja, a morte do objeto de apoio e, consequentemente, a do sujeito. (Bergeret, 1991, p. 219)

Com isso, o *borderline* se encontra mergulhado em vivências que não controla, com uma agressividade flutuante, pronta para explodir em atos impulsivos, fruto do medo de perder o apoio do outro, consequência de seu vazio e falta de sentido de vida.

Ao não encontrar apoio, o TPB torna-se agressivo, frequentemente se auto-agredindo quando se sente sozinho ou ameaçado de abandono.

Nestas situações de crise, o primeiro passo é acalmá-lo, escutá-lo quantas vezes forem necessárias para ele se sentir acolhido em seu desabafo.

Depois é necessário lhe dar razão nos pontos em que ele está com a razão (não mentir para qualquer paciente é o óbvio; no caso do TPB, este é um ponto básico para ganhar sua confiança).

Somente após estes procedimentos, tendo-se reassegurado ao *borderline* que ele não está sendo abandonado pelo terapeuta, os limites podem e devem ser colocados, acompanhados de explicações e paciência para se repetir quantas vezes forem necessárias as razões dos limites. Com isso ele se acalmará paulatinamente, sem necessidade de intercorrências verbais veementes ou contenção física, ou medicação intrusiva.

Estes momentos de irritação não são apropriados, ou seja, carecem de relevância aos olhos do observador. Não que o *borderline* não tenha sua lógica ou razões para ter se irritado, mas o exagero aparece na discrepância entre o fato ocorrido e a importância dada pelo paciente. Cabe ao terapeuta ter a sensibilidade para extrair do acontecimento o direito à irritação do TPB, a sutileza dos seus sentimentos de abandono e rejeição, acolhê-los e interpretá-los. Só assim o *borderline* se sentirá respeitado e compreendido.

O *borderline*, nos momentos em que está mais agressivo, de fato está com medo, e no fundo é medo de ser abandonado. Ele precisa de limites para se sentir seguro — não é a castração que está em jogo, mas a angústia de separação.

Impulsividade

O *borderline* tem reações explosivas e impulsivas porque está com medo, medo de perder o objeto de apoio. Em função disso, ele não consegue opor-se a seus objetos analíticos e precisa aprender a agredi-los para se ver livre de algumas amarras.

Como o ideal do ego é a instância dominante, os pais (os dois) são "grandes", quer dizer, fortes e temíveis, capazes de abandoná-lo e deixá-lo à míngua. Em função disso tem dificuldade de odiá-los (daí a dificuldade de dizer não), passando a concordar quando assim não o deseja. Por causa disso, em algumas ocasiões o *borderline* tem reações explosivas, pois não consegue se opor ao outro e vai até seu limite, explodindo quando não suporta mais.

Por não saber administrar as diferenças, concordando e discordando conforme o caso, o TPB entra em conflitos por motivos aparentemente banais e incompreensíveis ao observador desatento. A análise deve oferecer ao *borderline* a possibilidade de discordar, de odiar, para que ele possa também vir a amar e respeitar a opinião dos outros.

O ódio do "border" aparece na relação com suas figuras de apoio quando ele não obtém o apoio esperado, ou quando ele se sente invadido por exigências que ele sente por demais intrusivas para sua subjetividade incipiente, ou de seu *self* ainda não constituído.

O TPB acredita precisar do apoio do objeto anaclítico para preencher o vazio e o tédio de sua existência sem objetivos — quando não recebe o apoio necessitado, o "border" chega a agredir os outros ou a si mesmo.

Cortar-se impulsivamente é uma forma do *borderline* de lidar com o vazio e de se sentir vivo; o corpo reafirma sua presença na dor.

Quando se sente invadido por exigências que estão além de sua capacidade de elaboração, o ódio também aparece.

Quando seus pais, por exemplo, querem que ele trabalhe, ou faça uma faculdade, ou faça exercícios, ou acorde em determinado horário, o "border" sente-se invadido, sem espaço para seu *self* ainda não constituído, mas se aflige com receio de perda do objeto de apoio que os pais representam. Institui-se um impasse, regado a sentimentos de ódio e culpa.

Às vezes, diante deste conflito, resta a autoagressão (cortar-se, por exemplo) ou a depressão como alternativas para o ódio aos pais, que não pode se expressar sob risco de perda do objeto anaclítico.

Ronaldo, que é um negociante, precisará de alguém que faça o trabalho de dizer "não" por ele; caso contrário, venderá fiado sem critério, dará aumentos exagerados aos empregados e não saberá negociar com fornecedores. Ronaldo, bem orientado, conseguirá cercar-se de pessoas capazes de lhe oferecer apoio, ou seja, realizar trabalhos para os quais não está ainda qualificado psicologicamente. Espera-se que, com a análise, possa vir a fazê-los.

O TPB, quando irritado, tende a dirigir veículos perigosamente, podendo provocar acidentes. É comum a estes pacientes ter dificuldade para controlar a ingestão de alimentos, podendo muitas vezes atingir a obesidade. O abuso de álcool e drogas é frequente, pois é forma de alienar-se, aliviando assim a depressão, a angústia de seu vazio de sentido da vida; cortar-se é uma forma de se sentir vivo: a dor ao se automutilar reafirma a presença do corpo vivo.

Estes são alguns exemplos de autoagressão. É comum encontrar-se, entre drogadictos, um bom número de *borderlines*. Segundo Kaplan e Sadock (1965), "60% a 70% dos alcoolistas têm transtornos de personalidade e, 70% a 90% dos que abusam de drogas têm transtornos de personalidade" (p. 1543), lembrando que o "TPB corresponde de 27% a 63% das populações clínicas com transtornos de personalidade" (p. 1558). Em outras palavras, entre as pessoas que se utilizam de drogas, observa-se acentuado número de indivíduos com transtornos de personalidade, sendo o TPB o mais frequente deles.

Outro sintoma é o exagero sexual. Há pacientes com TPB que tentam suportar a existência por meio da busca frenética por um parceiro a todo momento, às vezes sem muitos critérios ou avaliação de risco. Tentam com isso avaliar se são estimados ou não e também procuram tentar se conhecer, ou encontrar os limites de seu *self*. Lembro-me de paciente que a qualquer hora e em qualquer lugar, mesmo arriscando-se a ser percebido pela esposa ou companheiro da outra, tentava a abordagem. Após o ocorrido, bem-sucedido ou não, arrependia-se de sua atitude, ato impulsivo que não conseguia controlar no momento.

A impulsividade, no *borderline*, está ligada à desesperança e ao vazio de sentido na vida. Quando ele acredita estar sem apoio, a falta de esperança no futuro leva ao desespero e aos atos impulsivos, colocando-o em situações de risco.

No caso de Ronaldo, a impulsividade está presente na ingestão alimentar exagerada, chegando a comer várias vezes ao dia, a qualquer hora, em grandes quantidades, não importando o sabor ou a qualidade dos alimentos. Claro, está obeso, pesando mais de cento e vinte quilos.

Além disso, quando tinha um negócio no litoral de São Paulo, voltava de carro em alta velocidade, controlando-se "para não se enfiar embaixo de um caminhão", o que era pensamento constante e nada impossível de ocorrer.

Em relação às mulheres, por ser casado e ter receio de perder a esposa, controla-se com muita dificuldade, pois o desejo seria de ir atrás de muitas, quase todas as mulheres interessantes que lhe cruzam o caminho.

Cabe notar que o receio da perda do objeto anaclítico, a esposa, permite conter sua impulsividade. Além disso, ocasionalmente, não consegue se controlar e arruma confusões

no trânsito, xingando e gritando por quase nada ou até entrando em confrontos físicos.
Há alguns anos, Ronaldo ficou viciado em jogo de bingo por longo tempo. Ia jogar de três a quatro vezes por semana e lá ficava até amanhecer, não conseguindo controlar-se até a hora de o dinheiro acabar. Jogava nos computadores boa soma em dinheiro a cada vez, e a emoção desejada era a adrenalina daqueles segundos transcorridos do início até o fim da rodada. Como tal sensação era fugaz, novas rodadas eram necessárias, aliando impulsividade ao efêmero preenchimento do vazio existencial pela injeção temporária de dopamina, repetidamente ansiada tal qual uma droga injetada na veia.

Suicídio

Em razão da dificuldade de controle dos impulsos, o *borderline* está mais predisposto ao suicídio que a população em geral. Kernberg (1991b) aponta que "a impulsividade crônica dos pacientes-limite 'estende' o perigo de suicídio à totalidade do episódio depressivo" (p. 188).
As ameaças de suicídio e de automutilação são frequentes e às vezes diárias. O quadro depressivo é por vezes dramático e não deve ser menosprezado, pois é muitas vezes insuportável, exigindo intervenções que visem proteger o paciente. Recorde-se que a estatística aponta de 8% a 10% de índice de suicídio nestes pacientes (APA, 1996, p. 669).
O sofrimento pode ser tão intenso e insuportável que às vezes o suicídio se torna atraente. Margareth Little (1990) afirma que, em sua análise com Winnicott, foi importante a liberdade que este lhe dava para se matar, caso quisesse.

Muitas vezes, na psicoterapia, o *borderline* perceber que a vida (desse jeito sofrido) não merece ser vivida, e que o suicídio pode ser um alívio, permite ajudá-lo a se sentir compreendido na profundidade de sua dor.

A análise do vazio, do tédio e da falta de sentido deve ser constante no caso do *borderline*, principalmente se ele estiver deprimido. É a maneira de ele se sentir acompanhado, apoiado e compreendido.

Para Kernberg (1991b),

> Clinicamente, um comportamento de automutilação e/ou gestos suicidários surge durante crises de cólera intensa ou de cólera misturada com explosões súbitas de humor depressivo, e depois de uma exploração mais generalizada, revela-se como gestos destinados a estabelecer e restabelecer um controle sobre o meio ambiente, provocando no outro sentimentos de culpabilidade. (p. 191)

Nos momentos em que o *borderline* se sente incompreendido ou ameaçado pelos seus objetos de apoio, ele pode ter respostas explosivas, automutiladoras ou suicidas.

Apesar de, com isso, ele ter o ganho secundário de controle do ambiente, não se pode esquecer que a atitude em si é genuinamente desesperada e perigosa, fruto de uma pessoa principalmente assustada e com medo.

Segundo Kernberg (1991b), "quando a sintomatologia afetiva é mais hipomaníaca do que depressiva, o perigo do potencial suicida surgir ligado a uma fase depressiva torna-se ainda maior" (p. 190). Para ele, quando há um abuso crônico de álcool ou drogas, os riscos de suicídio aumentam, e o prognóstico torna-se mais grave.

Para Kernberg (1991b),

(...) uma das causas mais frequentes de suicídio nos pacientes limite tratados em regime externo reside infelizmente na aceitação por parte do psicoterapeuta de tratar um paciente limite em condições menos que ótimas; por exemplo, permitir que um paciente recuse certas partes do tratamento (medicação, cuidados de dia, implicação familiar, etc.), aceitar que um paciente não venha regularmente às sessões ou a falta de comunicação franca. (p. 198)

Não se deve esquecer que são pacientes graves, que exigem atendimento contínuo, em geral acompanhados por mais de um profissional. Quando as condições do ambiente não são favoráveis, torna-se complicado para o terapeuta assumir o caso, pois corre o risco de seu paciente suicidar-se.

Kernberg (1991b) alerta que o terapeuta não deve aceitar situações em que se exija comportamentos heroicos ou esforços excepcionais com estes pacientes. "A longo prazo, sempre que o terapeuta seja mais solicitado do que pareça ser razoável numa atitude terapêutica habitual, o potencial autodestrutivo do paciente pode ser reforçado" (p. 201).

Ele alerta que algumas vezes o terapeuta ou o quadro hospitalar pode desejar que os casos difíceis desapareçam, "reproduzindo assim os desejos de morte do paciente na contratransferência, assim como os desejos de morte que a família tem frequentemente em relação ao paciente" (Kernberg, 1991b, p. 201).

Kernberg (1991b) salienta que por vezes "o terapeuta, reconhecendo a impossibilidade de uma situação terapêutica, deve ter a coragem de terminar o tratamento" (p. 202).

A angústia do paciente, acrescida da dependência exagerada, faz com que os familiares se sintam, muitas vezes, esgotados. É importante a orientação familiar, o cuidado de dar suporte à família, inclusive abrindo espaço para que confessem que, às vezes, pensam que seria até melhor que o paciente se matasse mesmo, em função do alívio que esse ato traria.

Internar um TPB por causa de suas ideias ou ameaças de suicídio seria convidá-lo à reclusão e vigilância eternas, o que em muitos casos pode ser um convite ao suicídio (físico ou psicológico). O terapeuta que se dispuser a atender o *borderline* necessita aprender a conviver com esta possibilidade durante longo tempo, ou talvez durante todo o tempo da terapia, pois esta é a melhor maneira de ajudá-lo: permitir-lhe a liberdade de escolha. É claro que em alguns casos com depressão grave a internação se faz necessária, entrando aí a experiência de cada um como parâmetro de avaliação.

4
Borderline e outros quadros psicopatológicos

O *borderline* e a histeria

Tempos atrás, o que hoje correntemente se considera como *borderline* era frequentemente chamado de histeria grave. Atualmente, mesmo com o item "Histeria" abolido das Classificações Internacionais (CID e DSM-IV), esse diagnóstico de *histeria grave* ainda está presente no cotidiano de muitos profissionais. As diferenças entre os dois, no entanto, são suficientemente grandes para distingui-los.[2]

Na histeria, a castração é fundante, colocando a questão dos limites e da falta como elementos transferenciais frequentes. O cliente histérico disputa com seu terapeuta

---

2   Remeto o leitor ao livro *Histeria*, de Silvia Leonor Alonso e Mario Pablo Fuks, nesta mesma coleção.

para ver quem tem *mais*, ao contrário do *borderline*, que busca o apoio.

Observe-se a diferença entre a abordagem de um TPB e o manejo de um quadro de "histeria", por exemplo, em que a castração e os limites farão parte do tratamento desde o início. Para o histérico, estar excluído na relação triangular também implica angústia, mas angústia pela castração de não poder ter o que deseja, e não receio de abandono por parte do objeto anaclítico.

O histérico também se sente excluído e abandonado, sofrendo com isso, mas seu receio não é de perda do objeto de apoio, mas receio de perda do objeto que ele domina. Excluído, o histérico sente-se enfraquecido por se ver limitado e castrado. O *borderline*, excluído, sente-se enfraquecido por receio de ficar sozinho, por medo de perder o objeto que lhe dá apoio.

Para o *borderline*, quando ele se sente protegido em alguma relação, o terceiro excluído tem pouca importância. Ao contrário, no caso da histeria, mesmo quando existem apenas dois, o terceiro está presente de diversas formas, mesmo que seja apenas verbalmente, ou em pensamento, pois a questão do triângulo edípico é fundamental.

Quando o *borderline* está acompanhado por algum objeto protetor, ele se sente tranquilo e preenchido; o histérico, nesta situação, sente que algo está faltando; o terceiro (a insatisfação) mantém-se presente, pela ausência.

Em um relacionamento, o *borderline* exige atenção exclusiva, proteção permanente, alguém forte que amenize sua solidão e seu vazio. Quando e se isso acontece, ele se tranquiliza, embora tema perder tal objeto e o infernize por causa disso.

Na histeria, o objeto de amor não é tranquilizador porque ele nunca satisfaz, sempre falta alguma coisa.

Nestes casos, o terceiro, o outro (o que falta) exerce uma atração irresistível.

Se, para viver em paz, o *borderline* precisa encontrar um objeto protetor que nunca mais se afaste (e ele vai testá-lo *ad nauseum* para acreditar nisso), o histérico necessita aprender a lidar com a castração e elaborar sua insatisfação com o que falta (o falo, para Freud).

A insatisfação é diferente nos dois casos. Na histeria, a insatisfação fica por conta de um poder não alcançado, da castração com a qual o histérico tem de se deparar na sua luta diária para se sentir potente e fálico. No TPB, a questão é outra; ele está sempre insatisfeito e precisando de mais e mais, porque sente um vazio irreparável, um nada, uma frustração contínua fruto de suas comparações com objetos idealizados; sente-se insuficiente e desvaloriza-se com frequência. Por vezes fantasia ser poderoso, especial, capaz de proezas, sutilezas e potencialidades além do comum — se muitas pessoas não têm medida exata do real valor de seu trabalho, no TPB esta questão se amplia e acentua. No fundo destas dúvidas, ele estará lidando com seu ideal do ego, com suas exigências absurdas e exageradas.

O histérico também deseja ser o centro do universo, mas com uma diferença. Quando tudo gira ao seu redor, ele se sente momentaneamente preenchido porque se sente dono do falo, nada lhe falta. Mas, nesse caso, o outro existe e é levado em conta. Quanto ao "border", mesmo preenchido momentaneamente quando é o centro das atenções, o outro existe apenas para satisfazê-lo naqueles instantes.

Em relação aos limites, lida-se de forma diferente nos dois casos. Exemplificando: quando uma paciente histérica exige (porque ela quer, porque este tema se tornou um braço-de-ferro, uma luta para ver quem é mais forte na relação terapêutica) que você lhe dê o telefone de sua casa, ou que lhe confesse algo pessoal, a resposta é não (um não, dito com sensibilidade e delicadeza, é claro), acrescido evidentemente de todas as interpretações cabíveis para cada caso. Esse não pode ser dito desde o início da análise e entra no registro da castração.

No caso do *borderline*, a situação se modifica, pois não é a castração, não é a questão da falta que está em jogo. O *borderline* necessita de limites para se sentir seguro, mas pode tornar-se violento caso uma oposição frontal venha a seu encontro.

Colocar, de pronto, limites precisos e firmes para o "border" é de pouca valia, pois ele vai entendê-los como rejeição, como abandono. Os limites podem e devem ser colocados, mas com cuidado para o *borderline* não se sentir ameaçado e sem apoio.

Bom seria se os seres humanos respeitassem a psicopatologia e se adaptassem ao que está escrito nos livros, chegando aos consultórios com tudo já discriminado. Na prática, porém, nem tudo (ou pouco?) é nítido como o recém exposto, cabendo aos pacientes de carne e osso terem em seu universo singular diversos aspectos sobrepostos das várias questões apresentadas. Sorte nossa, que assim podemos nos relacionar com pessoas e não com teorias abstratas, o que não impede que sejamos auxiliados pela psicopatologia.

O *borderline* e a depressão

O *borderline* é confundido com frequência com quadro maníaco. Isto ocorre porque ele pode apresentar-se acelerado, por estar se sentindo amado ou quando está apaixonado por alguém ou por alguma ideia. Angustiado ou delirante, também se encontra acelerado. Nestes casos, a confusão com drogadicção também é frequente.

Pode passar da excitação para a depressão rapidamente, sempre dependendo das circunstâncias a que esteja submetido.

O quadro clínico da depressão (Episódio Depressivo Major), segundo o DSM-IV, inclui humor depressivo (tristeza, vazio), desinteresse por quase tudo quase todos os dias, perda (ou ganho) de peso, insônia (ou hiperssônia) quase todos os dias, agitação ou inibição psicomotora quase todos os dias, fadiga quase todos os dias, sentimentos de desvalorização ou culpa quase todos os dias, diminuição da capacidade de pensamento ou concentração quase todos os dias, pensamentos recorrentes acerca da morte (p.335) e visão pessimista do futuro.

Observe-se que, no Episódio Depressivo Major (que é a depressão do Bipolar), os sintomas estão presentes quase todos os dias e não dependem de variações sutis do ambiente. O *borderline* pode ter esses mesmos sintomas, só que eles estarão ligados a circunstâncias ambientais evidentes (ao olhar experimentado) e não se prolongam no tempo (dias ou meses, como no bipolar) — pelo contrário, suavizam ou se acentuam na dependência das reações de seus objetos de apoio.

No TPB, a depressão está ligada ao vazio, ao tédio. O *borderline* está deprimido não por causa de uma tristeza de base ou devido a uma lentificação psicomotora, mas em razão do vazio de uma vida sem sentido, do tédio diante da falta de objetivos, de ideias de fracasso e frustração em relação a ideais não atingidos. É claro que ele pode, inclusive, ficar triste em função disso.

Como o *borderline* fica muito tempo angustiado, no ócio, às vezes largado na cama durante dias ou anos, o quadro se confunde com depressão, e a tentação de entrar com antidepressivos é enorme. O quadro depressivo do *borderline*, no entanto, não é semelhante ao do bipolar. A piora em geral é à noite, quando o "border" se vê sozinho, ao contrário do bipolar, cuja piora é matinal. O desencadeante é imediato, dependendo da convivência com os circunstantes, o que não se dá no bipolar, em que a sintomatologia se impõe ao longo dos dias ou meses.

Não é o ódio voltado para o próprio sujeito, ou o luto pelo objeto perdido que está presente no "border", mas sim o vazio, o tédio pela inutilidade da existência. Muitas vezes, a depressão do *borderline* vem acompanhada de ansiedade, com desespero e agitação.

Assim, o "border" necessita de um objeto de apoio que lhe minimize o sofrimento diante do vazio de sentido da vida, permanecendo tranquilo enquanto este objeto está presente e não ameaça abandoná-lo. Diferentemente, o bipolar pode ter pessoas significativas à sua volta apoiando-o e mesmo assim não ver mitigada sua depressão.

Importante salientar que o efeito da medicação é diferente nos dois casos. Enquanto no bipolar o efeito (após algumas semanas) é evidente, no "border" o medicamento tem efeito limitado. Atualmente, para o TPB se preconiza o uso de antidepressivos para controle da impulsividade, e não para a depressão.

No caso de Ronaldo, ele ficou na cama por mais de dois anos, apenas se dedicando à leitura e engordando (engordou trinta quilos). Segundo seu modo de ver (para ele correto, mas que sabemos nem sempre corresponder aos fatos), o terapeuta anterior dissuadiu-o de iniciar novo negócio e o convenceu a ingressar numa faculdade. Com isso, Roni sentiu-se sem incentivo para nada e não conseguiu desenvolver projeto algum, permanecendo na cama, deprimido, por bastante tempo. Sua depressão não respondeu a medicamentos. Com o apoio do psiquiatra atual, ele conseguiu retomar ânimo para iniciar novo empreendimento, voltando a se sentir capaz. A depressão estava mais ligada à falta de apoio para iniciar um projeto, que a um ódio contido ou culpa pela falência. Até hoje ele se queixa do terapeuta anterior, que deveria tê-lo aconselhado a abrir imediatamente um novo negócio no momento da falência, e não de tê-lo convencido de sua incapacidade para os negócios, além de ter advertido a família dos perigos que ele corre de fracassar sempre.

Pouco importa se o terapeuta anterior, de fato, convenceu-o mesmo de sua incapacidade para ser comerciante, ou se, realmente, instruiu a família para coibi-lo em suas iniciativas. Sabe-se bem que cada paciente escuta as palavras do analista da maneira como pode ouvir, o que nem sempre corresponde ao que o terapeuta disse ou quis dizer. Em todo o caso, cabe refletir sobre o que o Ronaldo escutou e entendeu, ciente de que não necessariamente o analista tenha dito mesmo. Para o "border", as palavras do seu terapeuta entram em um registro idealizado, ganhando um peso enorme, às vezes desproporcional, o que apenas acentua o cuidado que já se deve ter com qualquer outro paciente.

O *borderline* e a psicose

O Transtorno de Personalidade *Borderline* (TPB) frequentemente é confundido com psicose, em razão de quadros delirantes que ocorrem algumas vezes. No DSM III-R, o quadro do TPB não incluía o item nove, acrescentado no DSM-IV, de "ideação paranoide transitória reativa ao *stress* ou sintomas dissociativos graves" (APA, 1996, p. 673). Isso demonstra o quão recente (1993) é a delimitação do quadro clínico do TPB e o quanto ainda se terá de aprender sobre ele.

Recordo-me de uma paciente com um delírio frequente de perseguição que consistia em ser observada por todos na rua ou nos lugares que frequentava. A interpretação contínua de que esta impressão de estar sempre sendo vista, em qualquer lugar e a qualquer hora, era desejo da paciente de ser notada e sentir-se acompanhada desfazia momentaneamente o delírio, embora ele retornasse sempre que a paciente se sentia sozinha ou abandonada.

É cabível lembrar que esta observação a respeito do delírio não pôde ser feita logo a princípio, pois a paciente não o aceitaria. Após esta aceitação, com o tempo ela foi se auto-interpretando, e este delírio foi ficando cada vez mais frágil e inconstante, até quase desaparecer.

Nos momentos em que a paciente se sente acompanhada e com amigos, este aspecto delirante desaparece por completo. Ele retorna nos momentos de crise. Como exemplo de crise recorde-se situação em que por acaso se juntaram circunstâncias críticas, tais como férias do terapeuta, namorado que a deixou, férias da faculdade e viagem dos pais, ou seja, situações de solidão e abandono.

Outra paciente acreditava não ser filha de seus pais verdadeiros, julgando ter sido vítima de tráfico de bebês, já que seus pais seriam membros da máfia internacional que vendia crianças para o exterior. O delírio, nesse caso, não explicava por que seus pais teriam ficado com ela sem tê-la vendido também e, embora tenha persistido durante anos, ele apenas se sustentava quando estava magoada com seus pais, desaparecendo quando obtinha o apoio de que precisava.

Esses dois casos demonstram que o delírio se mantém apenas transitoriamente, nos momentos em que o *borderline* se sente abandonado, com medo de perder seus objetos de apoio.

No caso de um esquizofrênico, por exemplo, o delírio é resistente à interpretação e se mantém ao longo do tempo, não importa o que se lhe diga a respeito. Nas situações apresentadas, os delírios, embora pudessem retornar novamente mais tarde, diluíam-se no momento da sessão, após a interpretação de que eles lá estavam por causa da sensação de abandono e solidão.

O TPB, ao se sentir acompanhado e acolhido pelo seu terapeuta, tranquiliza-se e não mais necessita de seu delírio. Isso não quer dizer que os delírios do TPB não sejam graves — pelo contrário, acrescidos da impulsividade e agressividade do *borderline*, estes quadros delirantes podem se tornar fatais para o paciente ou para os circunstantes.

O *borderline* e a personalidade antissocial

Ronaldo apresenta diversas atitudes consideradas de ordem antissocial. Em seus negócios, não está afeito a respeitar a legislação — é comum pagar propinas para fiscais, porque raramente segue as leis de funcionamento de seus negócios. O pagamento correto de impostos e de fornecedores são detalhes que atrapalham ou inviabilizam sua estratégia de crescimento, então não os cumpre.

Como o objetivo primeiro é se expandir, Roni não escuta quem quer que seja e faz o que quer, parecendo decidido e confiante, mas desmoronando logo aos primeiros sinais de insucesso.

Ele costuma citar exemplos de grandes empresários de diversos setores, afirmando que nenhum deles conseguiria sucesso se fosse respeitar todas as leis e pagar tudo de acordo com elas. Mesmo que ele tenha razão em alguns (ou muitos) casos, sobretudo no Brasil, a questão não é essa.

Quando planeja algo, com frequência, Roni tem alguma ideia que inclui uma mentira ou uma contravenção. Exemplificando: o pai tem um estabelecimento comercial perto de um dos estacionamentos de Roni e não quer que ele o utilize para nada, pois já arrumou confusão suficiente. Sem a anuência paterna, mesmo sabendo que ele não vai gostar, Ronaldo está sempre indo lá para usar o telefone durante horas seguidas, pegar um funcionário para fazer algum serviço para ele durante o horário de trabalho, lavar o carro. Há algum tempo, puxou um fio de telefone de um vizinho para um de seus estacionamentos porque não queria pagar a conta. Também desviou um cano de água de outro vizinho para poder lavar automóveis em um de seus estacionamentos. Com o tempo tudo isso vem à tona, causando prejuízos a terceiros e danos à conduta moral de Ronaldo.

Por causa da primeira falência, levou o pai e a irmã à Justiça para responder pelos seus débitos, pois alguns dos imóveis alugados em suas lojas estavam em nome de terceiros. No seu segundo negócio, no litoral, a firma estava em nome de outras pessoas, e na hora de fechar o estabelecimento todas as dívidas e cobranças caíram em mãos que não foram as de Roni.

Enquanto ele tinha cartão de crédito e cheques, ia gastando impulsivamente, acreditando que, mais tarde, a conta seria paga. Com o tempo, passou a não mais dispor de cartão ou cheque, mas continuou comprando e se endividando em nome de outros; primeiro os familiares, depois amigos e empregados, mesmo sabendo que não poderia pagá-los depois. De fato, deixava o problema para os pais resolverem, inclusive negociar com os fornecedores, muitos dos quais chegavam a ameaçar a família caso não saldassem as dívidas, o que não impedia Ronaldo de contrair mais e mais dívidas.

Ele se isenta de tratar destes assuntos, considerando-se incapaz de resolvê-los porque sente medo dos cobradores, medo de agressões, tendo fantasias até de morte. Como se afasta dos problemas, fica a impressão de que ele não dá importância para a confusão que causou.

Como a consequência de seus atos se prolonga no tempo, com cobranças judiciais, com pessoas envolvidas e prejudicadas por isso, as raivas se perpetuam, deixando marcas difíceis de apagar. Como ele não assume as responsabilidades para resolver a situação, fica a pecha de psicopata, de antissocial.

A Perturbação Antissocial da Personalidade (antigo "psicopata"), segundo o DSM-IV, tem em seu item 7: "ausência de remorso, como é demonstrado pela racionalização e indiferença com que reagem após terem magoado, maltratado ou roubado alguém" (APA, 1996, p. 668).[3]

Roni se martiriza com seu insucesso, sentindo-se responsável pelo que fez, com fantasias de reparação, acreditando que um dia vai mudar a situação e reparar todas as feridas que causou, ressarcir a todos com juros e generosidade. Quando informo aos familiares que Ronaldo sofre com

---

3 Maiores detalhes sobre a personalidade antissocial podem ser encontrados no livro *Psicopatia*, de Sidney Shine, desta mesma coleção.

a consequência de seus atos, ao contrário da personalidade antissocial, que não tem nenhum sentimento de culpa ou responsabilidade pelo que faz, o irmão não acredita e afirma que estou sendo manipulado pelo poder de sedução de Ronaldo.

De fato, ele não escuta ninguém ao começar novo empreendimento ou na hora de tomar decisões de se expandir e comprar mais e mais, o que irrita os circunstantes, porque na hora do fracasso comercial são os outros que vão ter de resolver as pendências. Para obter apoio em suas iniciativas, Roni utiliza seu poder de sedução, passando a mentir e iludir — na medida em que convence o outro, termina por se convencer também.

De fato, a ilusão que pretende compartilhar com o outro é menos uma maldosa mentira programada do que a necessidade de habitar um espaço comum com o outro, espaço ilusório onde ele se sentirá acompanhado em sua fantasia de grande empresário, de "senhor feudal" enfim aplaudido. A intenção não é de fazer mal às pessoas, mas estar unido a alguém em seus ideais, em geral fantasiosos, necessários para iludir seu sofrimento, seu tédio e sua falta de sentido de vida.

Borderline, o uso de drogas e os transtornos da alimentação

É comum, em função da multiplicidade de diagnósticos implementada pelo DSM e CID, que a sintomatologia ocupe o primeiro plano, sem a devida atenção ao distúrbio de personalidade de base. Muitas pessoas com problemas com o álcool, com a cocaína e outras drogas têm, no fundo, um transtorno *borderline* de personalidade e sofrem por não serem tratadas como tal.

O mesmo ocorre com os transtornos alimentares, com pessoas sendo tratadas como bulímicas ou anoréxicas, quando a questão principal de base é um transtorno *borderline*.

Borderline e o transtorno bipolar

Atualmente "na moda", o diagnóstico de transtorno bipolar se confunde frequentemente com o de *borderline*. O psiquiatra "prefere" o diagnóstico de transtorno do humor porque, agindo assim, a compreensão da situação clínica se simplifica, a medicação torna-se eficaz e o caso tem melhor prognóstico; há um preconceito com os diagnósticos de personalidade, mais exigentes do ponto de vista do tratamento e de evolução complexa, imprevisível. O risco, observado comumente na prática, é o paciente rodar de médico em médico, com várias abordagens ineficazes até finalmente encontrar o diagnóstico de *borderline*. Embora cruel, no meu entender, é preferível encarar-se um diagnóstico sério e complicado, do que passar anos a fio sem localizar-se no que de fato ocorre.

O transtorno bipolar tem diferenças importantes em relação ao *borderline*. O *borderline* tem perturbação da identidade sempre, não apenas em algumas fases; sua depressão é permeada pelo tédio e pelo vazio durante a maior parte do tempo, não apenas em episódios circunscritos. O comportamento autolesivo, as relações instáveis, os esforços para evitar abandono não são características do bipolar fora de fase.

Apesar destas diferenças importantes, o que é decisivo na diferenciação do diagnóstico é a personalidade de base. Enquanto o *borderline* tem um tipo de personalidade anaclítica, analisada ao longo do livro, o bipolar tem uma personalidade de base narcísica.

Freud apresenta três tipos de personalidade, um deles denominado *narcísico*, equivalente ao psicótico para Bergeret.

O narcísico é independente e não se abre à intimidação; não existe tensão entre o ego e o superego, e o principal interesse do indivíduo se dirige para a autopreservação. Seu ego possui uma grande quantidade de agressividade à sua disposição, a qual se manifesta na presteza à atividade. O amar é preferido ao ser amado. "Podem assumir o papel de líderes, não se incomodam em danificar o estado de coisas estabelecido" (Freud, 1931, pp. 252-253). Tende a ser autossuficiente, buscará suas satisfações principais em seus processos mentais internos (Freud, 1929, p. 103).

Este tipo, que corresponde à estrutura psicótica de Bergeret (1974), é diferente da organização anaclítica (erótico, no texto de Freud de 1931) de personalidade discutida ao longo do livro. No caso da personalidade narcísica é mais importante amar do que ser amado, muito diferente do *borderline*. São autossuficientes, ativos, líderes porque não preocupados com a opinião alheia, enquanto o *borderline* tem uma relação anaclítica com o outro. A angústia do narcísico é de fragmentação, diferente da angústia de perda do objeto do *borderline*. É a diferença de personalidade de base que baliza o diagnóstico e não a sintomatologia.

Claro que os humanos não conhecem os manuais e todos nós temos características dos três tipos de personalidade descritos por Freud e aprofundados por Bergeret — isso complica o trabalho de qualquer um ao lidar com pessoas. Ainda bem, porque torna nossa tarefa mais interessante e não desqualifica o ser humano como coisa qualquer, cabível em simples manual. Ou o psiquiatra se apropria da ideia de que diagnosticar e tratar em psiquiatria é tarefa complexa, a exigir, no mínimo (sem esquecer da filosofia, das ciências sociais e muito mais), aprofundamento nos estudos da psicopatologia, da personalidade, da psicoterapia, ou ele cada vez mais se igualará na hora do tratamento, sem levar em conta a complexidade do ser humano, a qualquer médico de outras especialidades. Autorizados pelo psiquiatra que incide seu olhar apenas no sintoma, o médico em geral, hoje medica sem cerimônias a depressão, a ansiedade, a insônia, por exemplo. Se a abordagem for apenas via sintoma, que diferença faz ser o paciente medicado por um psiquiatra ou por um médico de qualquer outra especialidade? Neste caso, no limite, o remédio pode ser dado pelo balconista da farmácia ou pela vizinha de porta. Cabe ao psiquiatra rever o conceito da via sintomatológica e retornar ao estudo aprofundado da psicopatologia e do ser humano em toda sua complexidade. Algo que é exigido pelo *borderline* o tempo todo.

5
A clínica do *borderline*

**Aspectos transferenciais
e contratransferenciais — seu emprego**

A questão do tratamento foi sendo abordada ao longo do livro de diversas maneiras.

Como em qualquer quadro clínico, existem *borderlines* com quadros graves e outros nem tanto. Assim como existe um diabético grave e outro leve, o *borderline* necessita ser levado em conta deste ponto de vista também. Nos casos mais leves, tudo fica mais fácil, embora o manejo das sessões e a compreensão do paciente sejam os mesmos.

Em virtude das características do Transtorno de Personalidade *Borderline*, sua terapia será permeada pela discussão de questões ligadas à angústia de separação, à identidade, ao ideal do ego e à clivagem, visando construir uma subjetividade de um *self* não constituído.

O TPB necessita de apoio, em razão da angústia de separação na qual está inserido. No início da análise, esse apoio visa à regressão do paciente a um estado em que ele possa começar "tudo de novo", começar a se constituir enquanto sujeito.

Esse tipo de regressão, segundo Balint (1968)

> (...) pressupõe um entorno que aceite e consinta em sustentar e carregar o paciente, como a terra ou a água sustenta e carrega um homem que apoia seu peso nelas. O analista não deve resistir, deve consentir, não deve dar origem a muito atrito, deve aceitar e transportar o paciente durante um certo tempo... Tudo isso significa consentimento, participação e envolvimento, mas não necessariamente ação, apenas compreensão e tolerância; o que realmente interessa é a criação e a manutenção de condições nas quais os eventos possam ocorrer internamente, na mente do paciente. (p. 134)

Balint (1968) salienta que fornecer o telefone da residência ao paciente e atendê-lo a qualquer momento, inclusive finais de semana, favorece a regressão. Assinala que "sob a influência do *setting* analítico, todos os pacientes, sem exceção, regridem até certo ponto: isto é, tornam-se infantis e sentem intensas emoções primitivas em relação ao analista" (p. 77).

No início do trabalho com o TPB, esse período de regressão é necessário. O telefone da equipe de trabalho estará disponível para o paciente utilizar nos momentos de desespero; ao se sentir abandonado, o TPB terá um suporte para mitigar seu vazio e solidão insuportáveis. Claro está que a regressão visa à constituição de uma subjetividade capaz de se suportar sozinha paulatinamente; caso contrário, a dependência de figuras anaclíticas se tornaria eternamente indispensável.

Inicialmente, como estes pacientes não têm um *self* constituído, eles não sabem exatamente o que querem, estando na dependência dos desejos de outrem (estádio de dependência de Winnicott).

Green (1999) afirma que "não é legítimo falar de desejo com certos pacientes porque o que domina é a tendência à excitação da pulsão para a descarga e para a repetição; estes processos promovem um curto-circuito na elaboração psíquica" (p. 52).

Em função disso, Green (1999) capta algo que ocorre nas sessões com o *borderline* quando se lhes interpreta algo, ou seja,

A primeira parte da interpretação, a que consiste em um acolhimento, é entendida e, no momento em que se inicia a tocar um núcleo conflitivo, o paciente torna-se surdo. Ele não escuta mais. Ele diz: "Não entendi", ou melhor, "parei de escutar". (p. 62)

Isto é algo que ocorre com frequência com o "border"; ele tem dificuldade para escutar e elaborar o que é dito, por causa desta tendência à descarga, à ação, em vez de uma elaboração psíquica; ele ainda não é capaz de agredir o analista, de usá-lo.

Então, somente a fala de acolhimento é escutada; a outra parte que implicaria elaboração, ter de concordar ou discordar do analista, ainda não é passível de ocorrer.

O "border" neste momento tem seu analista como objeto subjetivo, alguém que o está ajudando a se constituir. Exigir que ele escute e elabore é demais para a ocasião. Aceitar e acolher este momento inicial regressivo é importante para a solidificação de uma relação terapêutica na qual o *borderline* sinta confiança.

O *borderline*, na clínica, tem receio de ser invadido pelas ideias do outro e deixar de ser ele mesmo. Diante de um *self* ainda não constituído, a invasão que o outro pode lhe impingir é vivida dramaticamente como uma impossibilidade de ser ele mesmo. É coerente se pensar essa invasão de ideias como uma intromissão em um sujeito que está constituindo seu *self* e, portanto, não suporta que algo venha a atrapalhar, ou atropelar este processo. Não é fragmentação no sentido de sua personalidade se sentir imiscuída na outra, mas invasão, ou receio de invasão, pela influência massacrante que teria a opinião do outro, fruto da relação de apoio que vive o "border".

Na clínica é preciso estar atento aos movimentos transferenciais decorrentes destas questões. O *borderline* escuta pouco seu objeto anaclítico não por má vontade ou mau-caratismo (fruto de uma personalidade antissocial), mas porque, dependendo da situação, recebe qualquer observação como invasão, como ataque a um *self* não constituído. Daí que são necessários anos de análise para haver tempo para o paciente, com o auxílio da figura anaclítica de seu analista, constituir sua subjetividade em seu devido tempo, sem se sentir pressionado, ou seja, invadido.

Painchaud e Montgrain (1991) afirmam que o estado-limite age o conflito, o "que significa que existe recusa do aparelho psíquico em se responsabilizar pela sua apreensão. Qualquer coisa deve ser mobilizada no exterior e do exterior" (p. 44).

O *borderline* é impulsivo e age o conflito, atua sem conseguir suportar sua angústia no plano psíquico, o que requer do analista capacidade e paciência para lidar com ações, não só com as palavras. No tratamento do TPB, os atos impulsivos, dentro e fora da sessão, são uma constante — só com o tempo e confiança na relação transferencial o paciente vai podendo constituir-se como pessoa, passando a suportar melhor seu vazio, tédio e solidão, capacitando-se a reter seu sofrimento, paulatinamente, em nível psíquico.

É necessário cuidado por parte do psicanalista para não se sentir impelido a *agir* com o *borderline*, tentando mitigar ativamente sua angústia. Como o paciente tende a colocar o analista no lugar de objeto de apoio, o terapeuta pode ficar tentado a assumir um lugar onipotente, acreditando ser o único capaz de "salvar" seu paciente, passando a tomar iniciativas, tentar fazer pelo paciente. O terapeuta pode ficar colado demais no desespero, na angústia, no vazio e no tédio do "border" e pretender "resolver" seus problemas com alguma atitude não analítica.

Deve-se lembrar que tomar iniciativas de "cura" pode ser sentido pelo TPB como invasão, como interferência prematura.

Para caminhar em direção à diferenciação eu/não-eu e a possibilidade de uma existência real, o TPB precisa de seu analista enquanto objeto subjetivo, necessita que ele faça a função que o ambiente no lugar de preocupação materna primária faria, para a partir da relação com o terapeuta experimentar a constituição de seu mundo subjetivo e o reconhecimento de si pela função especular exercida por seu analista.

Atitudes para tentar mitigar o sofrimento do paciente apenas serviriam para diminuir a angústia do psicoterapeuta, não contribuindo para o tratamento do "border".

Observe-se que o apoio que o *borderline* precisa não é tarefa simples; exige reflexão e é pleno de sutilezas ao longo do processo terapêutico.

Inicialmente, esse apoio se coloca no acolhimento visando uma regressão, com o analista no lugar de objeto subjetivo, reconhecendo a incapacidade do paciente de escutar suas interpretações.

No início, é necessário oferecer o *holding*. Com a confiança na relação terapêutica já estabelecida, os limites podem começar a ser colocados sem comprometer a frágil constituição de *self* do TPB.

Se limites e sugestões atropelarem o caminho do "border", ele vai se sentir muito mais invadido que apoiado. Ser invadido por um "suposto apoio" é armadilha que o ambiente e o analista podem cair com facilidade. Não é fácil saber a hora que o TPB pode começar a ser confrontado com seus limites, ser responsabilizado por suas ações e atos intempestivos, ser levado a suportar, cada vez com menos apoio, sua solidão e seu tédio diante da vida, na tentativa de encontrar seu caminho.

As questões ligadas ao ideal do ego surgem de diferentes maneiras ao longo do processo terapêutico.

O *borderline* é pretensioso, ao mesmo tempo que não tem segurança em suas capacidades. Como está se comparando o tempo todo, não consegue ter, para si mesmo, medidas confiáveis, daí sendo complicado iniciar alguma tarefa, pois, logo de início, já precisa atingir o ápice, às vezes mesmo antes de ter qualquer experiência no assunto.

Como necessita de apoio, a tendência do *borderline* é dividir o objeto em só bom ou só mau. Por um tempo razoavelmente longo, o analista entra nesse lugar idealizado de objeto bom e poderoso, o que pode ser útil no momento inicial regressivo, mas depois requer ir se modificando para tornar o terapeuta uma pessoa mais palpável em seus erros e acertos.

Em geral o TPB encontra-se massacrado pelo ideal do ego. Imagina-se mínimo diante de um outro que é visto como grande, tornando difícil também deixar "entrar" alguma observação deste outro, pois ela acaba sendo sentida como invasiva, porque o TPB não se sente em condições de se opor, de ter visão própria diante desta opinião idealizada. "Escutar" o analista no início é difícil para o *borderline*, cabendo ao terapeuta ter a paciência para ficar por um bom tempo apenas na fase de acolhimento, importando nesse momento menos as palavras e mais a presença que acompanha o paciente em seu penoso e vagaroso caminho de constituição de um ser.

André (1999) aponta que o trabalho analítico com o *borderline* "tende a se confundir com um trabalho de luto: trabalho de separação-diferenciação-constituição do objeto e de traçar as fronteiras do ego" (p. 20).

Parece que vários autores, comentando diversos aspectos e utilizando linguagens diferentes, acabam concordando em alguns pontos, como a influência do ambiente para a formação do estado de fragilidade egóica do "border" e a necessidade de transformação de um *setting* analítico rígido em algo mais próximo de um *holding*.

A questão da impulsividade e da agressividade do TPB é tema frequente da análise com estes pacientes. Segundo Bergeret (1991): "A violência em questão nos sujeitos depressivos-limite não tem nada a ver com ódio ou com agressividade. Trata-se de uma forma arcaica, intrínseca, instintiva e ainda não objetalmente definida de forma precisa" (p.205).

Ainda segundo Bergeret (1991), uma das maneiras de ajudar estes pacientes é salientar a natureza *não agressiva* da violência subjacente, mostrando para ele que sua violência não é dirigida contra alguém, que ele não tem intenção de prejudicar o outro, "que essa atitude é ditada por uma necessidade de defesa que parece absolutamente obrigatória para sobreviver, que essa necessidade repousa numa terrível angústia de estar ameaçado pelos adultos, pelos grandes, pelos mais fortes" (p.217).

Em geral, o TPB agride quando está com medo, e seu tratamento deve levar isso em conta, inclusive na indispensável orientação familiar a respeito.

O *borderline* deseja ser amado incondicionalmente. Como precisa desse amor idealizado para se sentir acolhido, ele quer ser aceito integralmente, sem limites. Então, precisa falar de si, para todos, o que termina por afastar as pessoas.

O TPB, salientando ser contrário aos preconceitos e convenções, dirá aos circunstantes todos os seus problemas e angústias; em geral, as pessoas se angustiam com tais informações e desesperos, e se afastam por não saber como lidar com o passado psiquiátrico do *borderline*, com seus desejos de suicídio, com suas críticas agudas em relação ao mundo e com a medicação psiquiátrica administrada.

O *borderline*, em virtude de sua necessidade de um amor que ele espera verdadeiro, sem fronteiras ou convenções que ele considera hipócritas, termina por afastar em vez de aproximar. Cabe ao analista tratar com cuidado desta situação, por um lado para não estimular a discriminação e os preconceitos da sociedade, e por outro lado fazendo ver ao TPB a necessidade de ir devagar, de expor-se com cuidado para não afugentar o interlocutor.

Com tudo isso, nota-se que são pacientes difíceis de lidar, que exigem tempo longo de análise para estabelecer uma relação de confiança e para se constituir enquanto sujeitos, que exigem disponibilidade afetiva e de tempo por parte da equipe responsável, que exigem elaboração teórica e clínica ao longo do processo, que exigem afinidade e afinação entre os membros da equipe de cuidados, que exigem capacidade de lidar com frustrações (inclusive o suicídio e o abandono do tratamento) por parte de todos os circunstantes, que exigem paciência inesgotável por parte dos parentes, que exigem recursos financeiros para todas as suas necessidades, que exigem, que exigem, que ... enfim, exigem.

Enquadre

Com o *borderline* é rara a possibilidade de trabalhar respeitando um enquadre psicanalítico clássico; o suporte fora do consultório é fundamental.

Nos casos graves, mesmo consultas diárias são insuficientes para dar conta do vazio do *borderline*, de sua fragilidade egóica e de sua necessidade de apoio.

O analista que quiser manter-se em um *setting* clássico pode se associar a um colega que faça um trabalho com os circunstantes.

A procura por ambientes acolhedores, cursos, amizades, tudo precisa ser monitorado no início até que ele seja capaz de fazê-lo sozinho. Sob a supervisão da equipe responsável, os familiares ou o acompanhante terapêutico podem realizar tais encargos. Sem um ambiente apropriado, o tratamento dificilmente terá bons resultados, sempre lembrando de que nos casos mais leves, tudo fica menos complicado.

O acompanhante terapêutico é fundamental, na medida em que auxilia o paciente em suas dificuldades cotidianas, ajudando-o a discriminar alguns sinais que ele não consegue distinguir. Exemplificando, recordo-me de uma paciente que não sabia distinguir paquera de perseguição, achando que todos que a notavam tinham um olhar agressivo. Nesse caso, o acompanhante terapêutico pôde apontar, em loco, a distinção entre agressão e paquera, facilitando o convívio da paciente com pessoas desconhecidas. Ensinar a dirigir, levar a conhecer a cidade, bares, restaurantes, exposições, sair para dançar e se divertir são algumas das muitas funções do acompanhante terapêutico.

Os familiares e os circunstantes auxiliam na tarefa de tentar oferecer ao *borderline* algum lugar de acolhimento. Por exemplo, uma paciente foi acompanhada a uma oficina de leitura junto com o filho até que pudesse se ambientar e frequentá-la sozinha. Outra paciente precisa pagar à sua empregada um salário bem acima da média porque esta funciona como objeto de apoio; é empregada e "acompanhante terapêutica" ao mesmo tempo.

Estes e outros assuntos são da alçada da equipe de atendimento, que não pode se esquivar de tratar destas questões durante o processo terapêutico. A postura rígida de um *setting* imóvel, circunscrito às paredes do consultório, não combina com o tratamento do *borderline*.

É difícil trabalhar com estes pacientes utilizando o divã. Como eles precisam de apoio, sentem-se mais reassegurados da presença do terapeuta na disposição face a face. O paciente olhando o terapeuta, tendo controle visual deste, podendo checar sua mímica e conferir suas emoções, tende a se sentir mais acompanhado. O uso do divã não é impossível, é apenas desaconselhável. Quando o psicanalista possui uma rede de apoio de vários profissionais, a possibilidade do uso do divã torna-se maior, contando o paciente com outras figuras de apoio rastreáveis pelo seu olhar.

Trabalho em equipe

O trabalho em equipe é aconselhável, pois o *borderline* necessita exasperadamente de cuidados — seria muito penoso para um profissional tentar dar conta de tudo sozinho, nos casos mais graves. Neste sentido, é interessante a presença do psiquiatra, do acompanhante terapêutico, do terapeuta ocupacional e, em alguns casos, do assistente social.

Algumas vezes a internação se faz necessária, sendo aconselhável que a equipe de profissionais conte com algum hospital de retaguarda que conheça o paciente, o que facilita as operações de internação e alta. Nem sempre o *borderline* necessita ficar internado muito tempo, e o hospital precisa ter a flexibilidade e compreensão para permitir internações curtas, que às vezes servem apenas como suporte emocional, úteis para uma situação de crise que pode se modificar em questão de horas, como resultado de mudança de um ambiente hostil (brigas com os familiares) para um ambiente acolhedor (os funcionários conhecidos do hospital).

Observe-se o custo enorme disso, tanto financeiro quanto emocional. No âmbito particular, poucas famílias terão disponibilidade financeira e emocional para manter um tratamento desta complexidade durante anos, sem garantia de bons resultados (e o que seria "bons resultados"?). Na esfera pública as dificuldades são de diversas ordens, pois esse tipo de paciente exige cuidados em diversos níveis, interligados por uma equipe treinada para tanto, o que nem sempre é fácil de conseguir.

Lembre-se de que a família, com o tempo, tende a abandonar o paciente à própria sorte, cansada de tantas dificuldades para tentar preencher o vazio interminável do sofrimento *borderline*. Tal circunstância complica sobremaneira a situação, pois a equipe, sozinha, sem auxílio dos circunstantes, terá dificuldades quase intransponíveis para ajudar seu paciente a encontrar seu caminho nesse mundo atual.

Ocupação

Arrumar ocupação para o *borderline* é fundamental. São pessoas produtivas, inteligentes e capazes de desenvolver seu potencial e que têm necessidade disso. Nem sempre é fácil terem algum estudo ou trabalho, por causa do vazio, do tédio e da falta de sentido em sua vida, o que não quer dizer que não possam ser formados em faculdade ou terem trabalho fixo e estável. O TPB pode ser, por exemplo, médico, psicólogo, advogado ou administrador de empresa, o que não quer dizer que o vazio e a falta de sentido não estejam presentes em sua existência. Recordo-me de uma paciente médica, que trabalhava no Serviço Público Municipal, praticamente isolada e atendendo raros pacientes, pouco comparecendo às suas atividades profissionais, as quais considerava desinteressantes e desprovidas de sentido.

O trabalho da terapia volta-se por um bom tempo para a escolha de atividades. De nada adianta forçar o TPB a realizar um trabalho que não aprecie ou pelo qual não se interesse; nesse caso, a relação terapêutica pode se comprometer, pois ele pode enxergar o terapeuta como um perseguidor exigente, intrusivo, aliado de seu ideal do ego.

O interesse do *borderline* deve ser seguido paulatinamente, e quando se consegue que ele tenha um objetivo, mesmo tênue e pouco estável, cabe ao terapeuta encorajá-lo e auxiliá-lo, na medida do possível, na tentativa de seguir algo que lhe é próprio, que lhe faça sentido.

Em razão das exigências de seu ideal do ego, em geral, o *borderline* é pretensioso, considerando-se exageradamente capaz e especial. Para se sentir querido e aceito, por causa de sua insegurança quanto à eficácia de seu trabalho, a tendência do TPB é perder a exata noção de sua real capacidade, tornando-se às vezes arrogante e crítico. Esta atitude poderá facilmente irritar os circunstantes, e o analista precisará tomar seus cuidados contratransferenciais para não se deixar levar pela irritação e desconforto em consequência das críticas do paciente, retomando sua percepção de que, de fato, está diante de uma pessoa frágil e insegura, solicitando ajuda e parâmetros, embora pareça arrogante e pretensiosa.

Ao analista, diante da falta de parâmetros do *borderline*, não cabe passar a dar conselhos ou direções, embora a tentação seja grande, pois isso poderia ser recebido como invasão.

Diante da irritação provocada pelas críticas e pretensões do paciente, o terapeuta pode passar a disputar com ele, tentando impor-lhe o "bom senso", tentando convencê-lo a seguir este ou aquele caminho (uma nova profissão, um novo estudo, uma ocupação qualquer), esquecendo-se de que o *borderline* não é capaz de se ligar por muito tempo a coisa alguma que não seja, de fato, de seu total interesse, o qual não é fácil de descobrir ou construir.

Família

A orientação familiar deve ser constante. O *borderline* exige demais da família, que pode, com razão, cansar-se das suas exigências e das suas agressões.

Devido à sua necessidade de apoio, o TPB pode se tornar agressivo quando contrariado. Como é pessoa sensível e perspicaz, ele saberá como agredir, conseguirá escolher pontos vulneráveis dos circunstantes. A tendência da família, nestas ocasiões, será considerá-lo manipulador, violento, esperto, capaz de grandes atrocidades. Na verdade,

O *borderline* é pessoa frágil, que agride por total desespero. Sua violência ocorre quando se sente sozinho e incompreendido. Quando se sente abandonado, agride como forma de expressão.

A família precisa ser orientada para poder lidar de outra forma com a agressão do TPB, o que não é fácil, pois ódios acumulados são frequentes. Caso os familiares se convençam da fragilidade do *borderline* e da sua necessidade de apoio e que a agressão só ocorre nos momentos de incompreensão e medo de abandono, o desgaste poderá ser amenizado.

O problema é que, em geral, o *borderline* chega para atendimento quando a situação conflitiva já atingiu um estágio em que a paciência da família esgotou-se, o que torna a necessidade de orientação dos circunstantes maior ainda.

Como o *borderline* tem a tendência de não enxergar o outro, vinculando-se apenas a seus interesses mais imediatos, às vezes ele pode tomar atitudes pouco recomendáveis (para dizer o mínimo) com os familiares. Pode trair, agredir, mentir, colocá-los em situação financeira difícil, esconder, querer estragar o que o outro gosta e muito mais. São atitudes ditas psicopáticas, que menos do que punição exigem compreensão para não mais se repetirem. Mais uma vez, convencer a família disto não é tarefa simples.

Não que o *borderline* não precise de limites ou desencorajamento destas atitudes. Por causa de seu narcisismo, ele considera muito justo que tudo seja para uso próprio, que tudo esteja voltado para ele. É claro, por isso mesmo, que ele precisa saber o quanto não é possível que ele continue a ter atitudes egoístas e que é absolutamente aconselhável que não as repita, não por uma questão moral, mas porque elas afastam as pessoas das quais ele tanto necessita. Os circunstantes precisam também de orientação para saberem como e quando devem colocar os limites necessários.

É comum o *borderline* ser ciumento e controlador. Lembro-me de uma senhora de seus sessenta anos que ia atrás do marido até a padaria para ver se ele não estava com outra. Nesta hora, o marido irritado ralhava com ela e a mandava de volta para casa, quando o melhor seria acolher sua desconfiança dizendo-lhe para não se preocupar, que não havia outra mulher e que voltaria logo para casa, o que, depois da milésima vez, convenhamos não é fácil para ele fazer.

A mesma senhora, desconfiada do médico e de seus remédios, afirmava que o doutor queria interná-la no hospital psiquiátrico e que não retornaria à consulta. O indicado a fazer não é brigar e apontar a perseguição, mas afirmar-lhe que nada disso acontecerá, oferecendo-se para acompanhá-la na próxima consulta, para verificarem juntos que não há perigo algum.

Ter paciência, reconheça-se, não é fácil; mas a possibilidade de convencimento dos familiares passa pela percepção de que agindo assim haverá vantagens para todos. O acolhimento para o *borderline* é fundamental para acalmá-lo, tornando-se o caminho mais curto para que seus circunstantes sofram menos com suas atitudes, angústias, desconfianças, ciúmes e temores.

Segundo Ogden (1994),

> (...) na relação de objeto transicional a plena externalidade da mãe-como-objeto é confrontada, ao passo que, na experiência de compaixão e na de uso do objeto, é a mãe-como-sujeito que é plenamente confrontada pela primeira vez. Quando o objeto se torna sujeito, o reconhecimento de si mesmo pelo outro cria condições para uma nova maneira de se dar conta da própria subjetividade. (p. 51)

O "border" não é capaz de reconhecer o outro enquanto sujeito, o que não quer dizer que ele não precise do outro enquanto objeto de apoio. Na verdade, o "border" precisa e valoriza sobremaneira suas figuras analíticas, inclusive tendendo a exigir delas mais do que o razoável, inclusive pelo que segue dizendo Ogden (1994): "A mãe que é tratada cruelmente é um 'objeto subjetivo', uma externalização de um objeto interno mãe onipotente que é inexaurível e indestrutível. Por causa da fantasia de inexaurabilidade e indestrutibilidade da mãe, não há necessidade de compaixão" (p. 52).

Na maioria das ocasiões os familiares do paciente não conseguem entender este fato e se incompatibilizam com ele, não conseguindo entender (deveriam?) a agressividade do "border" em relação a eles. Os familiares do *borderline* reclamam que muito fazem por ele e não são reconhecidos, ou seja, não há compaixão — eles se queixam de não serem reconhecidos enquanto sujeitos, enquanto pessoas que têm também suas necessidades e desejos, e não apenas enquanto figuras de apoio que "devem" estar à disposição para suprir as demandas do border.

O problema é que o "border" precisa de seus objetos de apoio desse jeito mesmo. Ele não é capaz de perceber o outro enquanto sujeito; ele tem só demanda e não tem compaixão ou preocupação, o que não significa que o outro não seja importante; pelo contrário, o outro analítico é fundamental para o "border".

Ogden (1994), em sua discussão sobre Winnicott, continua afirmando que

> Ao destruir continuamente (na fantasia) o objeto-interno mãe, o bebê torna-se capaz de descobrir o objeto-externo mãe

(tanto como objeto quanto como sujeito), se a mãe for capaz de sobreviver à destruição dela que o bebê opera na fantasia (e o tratamento cruel que dispensa a ela) permanecendo emocionalmente presente o tempo todo. (p. 53)

O *borderline* submete seus familiares a algumas torturas, exigindo e agredindo, embora com isso esteja apenas tentando reviver experiências primitivas nas quais o objeto-subjetivo não foi capaz de lhe proporcionar condições para compor sua própria subjetividade. Pode-se pensar que o "border", como não conseguiu constituir-se enquanto sujeito, permanece tentando, agora com suas figuras de apoio.

Isto ocorre porque, segundo Ogden (1994), "o sujeito não pode criar a si mesmo; o desenvolvimento da subjetividade requer experiências de formas específicas de intersubjetividade" (p. 55).

É essa forma de intersubjetividade que se pode proporcionar ao paciente durante a análise. O que é complicado, no caso do relacionamento familiar, é que o "border" tenta refazer o caminho não realizado no início de sua vida, com as mesmas pessoas (pai, mãe, irmãos, por exemplo) que não foram capazes de fazê-lo anteriormente.

Este fato reforça a tendência de se considerar importantes as relações extra consultório no tratamento do "border", pois, além do relacionamento psicoterapêutico, o ambiente acolhedor propicia condições de acesso a estas experiências de construção de subjetividade e vivências intersubjetivas que no seio familiar são difíceis de obter.

Chabert (1999) aponta:

> É porque o outro é maciçamente odiado que sua presença é constantemente necessária, como reasseguramento de sua permanência, apesar dos ataques de que é alvo. Neste caso,

a hostilidade para com o outro mascara, não o amor por ele, mas o medo de perdê-lo, o que pode parecer paradoxal: ao nível manifesto, os objetos são rejeitados, maltratados, desqualificados; mas no nível latente, esta negatividade é entendida como uma medida de proteção narcísica em relação ao medo de abandono. (p. 102)

Quando existe a possibilidade do ódio construtivo, do uso do objeto, a agressividade do *borderline* dirigida aos familiares e ao terapeuta passa a ser elemento fundamental da análise. Caso a agressão permaneça apenas enquanto repetição, com as partes envolvidas caindo no vazio de relacionamentos entediados, cabe o diálogo encontrado no *Fausto* de Goethe (1808), entre Mefistófeles e o Altíssimo, que aponta a insatisfação do *borderline* com o mundo e a vida, e uma agressividade sem prazer ou objetivo definido:

O Altíssimo: — Nada mais que dizer-me tens?
Só por queixar-te, sempre vens?
Nada, na terra, achas direito enfim?'
Mefistófeles: — Não, Mestre! Acho-o tão ruim quão sempre;

vendo-o assim
Coitados! Em seu transe os homens já lamento
Eu próprio, até, sem gosto os atormento. (p. 37)

Medicação

A eficácia da medicação para o Transtorno de Personalidade *Borderline* ainda não está estabelecida. Segundo Kaplan e Sadock (1965), "O tratamento farmacológico dos pacientes com TPB é variado, e seus efeitos são inconsistentes" (p. 1560).

São utilizados, em diferentes circunstâncias, diversos medicamentos, que atuam nos diversos sintomas apresentados pelo paciente.

Kaplan e Sadock (1965) alertam: "visto que os efeitos dos medicamentos são geralmente modestos e, considerando a probabilidade de abuso e efeitos colaterais, deve-se ter cautela na sua prescrição" (p. 1561), o que não significa que a medicação não deva ser utilizada, mas revela que ela não é panaceia a resolver todos os males do TPB.

A divisão correta está em itálico, respeitando o livro original, ou seja: *"medicação"* (acima), depois *"curso e prognóstico"* (logo abaixo) e depois *"estar só" (mais abaixo)*, sem esses números esquisitos.

Curso e prognóstico

Antes da adolescência, problemas de concentração e de aprendizagem, além de afastamento social, estão presentes. Estes problemas evoluem, na adolescência e início da vida adulta, para os sintomas clássicos do transtorno. Na segunda década da vida, a impulsividade e os descontroles do humor estão mais severos, evoluindo, na metade dos casos, para um arrefecimento dos sintomas na faixa dos 30 e 40 anos, embora frequentemente interrompam seus estudos, percam seus empregos e fracassem em seus relacionamentos afetivos. O índice de suicídio está na casa dos 10%, e as várias tentativas de suicídio fracassadas e auto-injúrias, como cortes e queimaduras podem resultar em danos físicos às vezes graves.

Segundo Flaherty, Channon e Davis (1989), o prognóstico destes pacientes é sombrio:

(...) vários estudos indicam que 50% dos pacientes desistem do tratamento em um período de seis meses e que 75% desistem dentro do primeiro ano; apenas um em cada dez pacientes completa o curso das psicoterapias. Mesmo quando terapeutas experientes foram entrevistados, estes relataram que apenas 33% de seus pacientes completavam o tratamento e, deste grupo, apenas 10% podiam ser considerados como tendo sido tratados com sucesso. (p. 141)

Em estatística, 3,3% de sucesso pode ser considerado como acaso, o que demonstra o quanto ainda se precisa aprender sobre estes pacientes.

Por outro lado, deve ser lembrado que a evolução e o prognóstico dependem da gravidade de cada caso. Nos quadros mais leves, embora o manejo do caso siga tudo o que foi descrito ao longo do livro, a esperança de um percurso mais favorável é maior.

Estar só

Winnicott fala da capacidade de estar só (na presença de alguém) como a possibilidade de descobrir sua vida pessoal (na vida adulta, poder relaxar). A alternativa patológica seria uma vida falsa construída sobre reações a estímulos externos. Estar só e relaxar é algo que o *borderline* não consegue. Isso coloca problemas sérios.

Se com apoio e algum suporte o *borderline* tem desempenho satisfatório, muitas vezes com brilhantismo, por que então considerá-lo incapaz ou diminuí-lo por precisar de apoio? A criatividade do TPB é notável, e muitas vezes sua capacidade supera a da média. Sua performance pode ser excelente nos casos em que tem "as costas quentes", em que conta com retaguarda. Um *borderline* com um sócio (honesto e sincero, existe?) que lhe dê suporte pode funcionar tão bem quanto qualquer pessoa. Uma vez retirado o apoio, o *borderline* tem dificuldade de se virar sozinho e pode perder-se.

Cite-se exemplo de paciente que ao abrir seus negócios chegava sempre à falência, mais cedo ou mais tarde. Com auxílio de alguns funcionários de confiança, assessoria ocasional supervisionada pela família e auditorias periódicas, este sujeito conseguiu sair-se bem, em razão de sua sensibilidade para lidar com os empregados e capacidade comercial. Cabe ressaltar que nem sempre as coisas saem a contento, por mais que se faça.

Em virtude do exposto, qual é a melhor tática a seguir: considerá-lo um "fraco" e "doente", não permitindo que se desenvolva, ou tratá-lo como alguém necessitando de apoio? O problema é que esse apoio pode ter de ser permanente em alguns casos. Nem sempre o *borderline* consegue "aprender" com a experiência, tornando-se dependente "eterno" da ajuda disponível. Não é questão de solução simples.

Em todo o caso, o interesse da pessoa *borderline* tornará o problema menos dogmático — se não houver apetite dele pelo assunto, pelo estudo ou pelo trabalho, não haverá acordo com o suposto objeto apoiador, lembrando que a disposição do *borderline* caminha na mesma direção do apoio oferecido, quando esse apoio é sincero da parte de quem o propõe e quando permite seu desenvolvimento enquanto sujeito. Quem sabe não existam pessoas cujo diagnóstico seria de TPB e que se encontram adaptadas a condições ambientais facilitadoras, desenvolvendo projetos de vida com apoio de seus circunstantes?

Clarice Lispector (1979) escreve assim: "Sei que precisarei tomar cuidado para não usar sub-repticiamente uma nova terceira perna que em mim renasce fácil como capim, e a essa perna protetora chamar de 'uma verdade'" (p. 18). Em alguns casos a "terceira perna" pode ser a vida de outra pessoa que o TPB passa a viver por não ter projetos próprios. Apoiado no outro, o "border" pode viver sem vida própria, estar adaptado ao cotidiano, embora sem estar de fato existindo.

O que seria melhor: viver uma vida sem existência real, ou sofrer a angústia de reconhecer-se não existente? Nessa virada do milênio, será que são apenas os *borderlines* que vivem esse drama?

6
Fechando sem desfecho

O ser humano trilha seu caminho pela terra em busca de si mesmo. Hoje em dia, pelas razões apresentadas no capítulo I, ele está algo perdido. A pessoa descrita como *borderline* apenas amplia com lente de aumento o que muitos de nós vivenciamos no cotidiano de nossas existências.

A coragem (ou a falta de alternativa?) de lidar com um profundo e obscuro poço vazio, a integridade de não se conformar com uma vida imposta e falsa, fazem do *borderline* um moderno "cavaleiro da esperança".

Cavaleiro envolto na dor de habitar um círculo em chamas, é verdade. Por meio de seu sofrimento sem tréguas, ele demonstra que uma vida sem sentido não vale a pena, que a vida só merece ser vivida a partir de um sentimento de realidade, renegando a futilidade de uma existência fútil e vazia.

Quantos seres robotizados não habitam atualmente as portas de seitas (religiosas ou não) que prometem uma visão de mundo que não se sustenta? Quantos indivíduos divididos rodeiam seu próprio corpo sem possuir nenhum, circulando pelos caminhos do trabalho, do poder ou do dinheiro sem conhecer seu verdadeiro destino? Quantas personagens desencontradas procuram estabanadamente o amor sem nem sequer saber o que ele significa (saberei eu?)? Quantos de nós não somos também um pouco (ou muito?) *borderlines*?

Segundo o jornal *O Estado de S. Paulo* (1999), no livro *Diana, in Search of Herself — Portrait of a Troubled Princess*, da Times Books, a autora Sally Bedell Smith sugere que Diana Spencer, a conhecida princesa da Inglaterra Lady Di, sofria de "distúrbios de personalidade limítrofe", muito antes de se casar com o príncipe Charles.

Segundo o livro, as oscilações do estado de ânimo de Diana eram assustadoras; ela sofria de bulimia; começou a ferir-se com objetos cortantes em 1982; Lady Di estava "perdida" no dia de seu casamento; quando Charles tinha que se ausentar para cumprir os seus deveres oficiais, a ciumenta princesa caía em depressão; Diana acreditava que a família real estava armando um complô contra ela; a princesa estava convicta de que *lady* Susan Hussey, incumbida de tutelar Diana, estava apaixonada pelo príncipe Charles; Lady Di viveu intensos casos amorosos com o *marchand* Oliver Hoare, a quem atormentava com chamadas telefônicas, com o doutor Hasnat Khan (ela se disfarçava para se encontrar com ele em Londres), com Dodi al Fayed, que passava com ela todos os momentos em que estava acordado, o que o ocupado Charles não podia fazer. São comportamentos que se enquadram na descrição do *borderline*, segundo Sally Smith, que salienta o charme e a capacidade de sedução da princesa.

Lady Di, *borderline*? Segundo a autora do livro, sim. Em nosso meio cultural, artístico e político temos algumas personalidades que também seriam enquadradas na classificação *borderline*? Provavelmente. Entre as pessoas conhecidas do nosso cotidiano, quantos serão? São 2% a 3% da população, segundo Kaplan e Sadock (1965) — em uma cidade com 10 milhões de habitantes, seriam 200 a 300 mil almas, o suficiente para lotar vários estádios de futebol. Quantos destes não estarão, agora, se drogando, se cortando, brigando, cometendo acidentes, alcoolizando-se? Quantos destes não estarão apenas trabalhando, casando-se com príncipes, buscando seu próprio caminho?

Isso significa que devemos nos alarmar com a quantidade de malucos que andam à solta por aí? De fato, já me preocupei mais de uma vez com pacientes que saíram de uma sessão difícil guiando o carro de forma tresloucada (isso não significa que todos que dirigem feito doidos são *borderlines*, por favor). Ou isso apenas significa que o limite entre o gênio e o louco é tênue como as bolhinhas de espuma que se formam na areia molhada, após o retorno da onda para o mar aberto?

O *borderline*, gênio ou louco (ou os dois?), tem algo a nos ensinar. Ele sabe como ninguém o que é o *Nada*, esse intangível e assustador Nada. Fausto (GOETHE, 1808) afirma, discorrendo sobre o risco,

> De arremessar-se a essa abertura abrupta,
> Em cuja estreita boca arde, flamante, o inferno,
> De, plácido, empreender essa jornada,
> E seja a risco, até, de resvalar no Nada. (p. 52)

O *borderline* seria de fato alguém corajoso que sabe o que é "um abismo de nada. Só essa coisa grande e vazia" (Lispector, 1979, p. 30), ou ele apenas não tem saída e convive com suas angústias porque simplesmente não tem alternativa melhor?

Lispector (1979) escreve: "Eu chegara ao nada, e o nada era vivo e úmido" (p. 65). Uma paciente *borderline* uma vez me disse que o Nada "é como o fundo de um poço profundo e escuro, e a terapia é uma saída, com espinhos cortantes que se tem de agarrar para tentar sair desse poço".

Se talvez o *borderline* não tenha alternativa a não ser viver na angústia de uma procura sem paz, nós, os supostos não enquadráveis em classificações psicopatológicas, temos a escolha de ter uma vida com ou sem sentido.

Ainda em Lispector (1979), temos:

> Tudo aqui é a réplica elegante irônica e espirituosa de uma vida que nunca existiu em parte alguma: minha casa é uma criação apenas artística... Decalcar uma vida provavelmente me dava segurança exatamente por essa vida não ser minha: ela não me era uma responsabilidade. (p. 34)

O que o *borderline* pode nos mostrar é que uma existência sem sentido é não estar vivo. Que podemos escolher entre ter a responsabilidade de viver uma vida de fato ou estar apenas acreditando estar vivo, sem estar.

Referências

ANDRÉ, J. L'unique objet. In ANDRÉ, J. (org.). *Les états limites*. Paris: PUF, 1999.

AMERICAN PSYCHIATRIC ASSOCIATION (APA). *Manual de Diagnóstico e Estatística dos Transtornos Mentais – DSM-IV*. Lisboa: Climepsi, 1996.

BALINT, M. (1968) *A falha básica*. Porto Alegre: Artes Médicas, 1993.

BERGERET, J. (1974) *La personnalité normale et pathologique*. Paris: Dunod, 1985.

BERGERET, J. Fraqueza e violência no drama do depressivo contemporâneo. In BERGERET, J.; REID, W. (orgs.) *Narcisismo e estados-limite*. Lisboa: Escher, 1991.

CARROLL, L. (1872) *Através do espelho e o que Alice encontrou lá*. São Paulo: Summus, 1980.

CHABERT, C. Les fonctionnements limites: quelles limites? In ANDRÉ. J. (org.) *Les états limites*. Paris: PUF, 1999.

DELEUZE, G. (1990) Post-scriptum sobre as sociedades de controle. In *Conversações*. São Paulo: 34, 1992.

O ESTADO DE S. PAULO. Um retrato de Diana, mental-mente instável. *Caderno de Cultura*, 12 de setembro de 1999.

FLAHERTY, J. A.; CHANNON, R. A.; DAVIS, J. M. *Psiquiatria, diagnóstico e tratamento*. Porto Alegre: Artes Médicas, 1990.

FREUD, S. (1929) O mal-estar na civilização. In: *Edição Standard das Obras Completas de Sigmund Freud*. Rio de Janeiro: Imago, Vol. XXI, 1969. p. 74-171.

FREUD, S. (1931) Tipos libidinais. In: *Edição Standard das Obras Completas de Sigmund Freud*. Rio de Janeiro: Imago, Vol. XXI, 1969. p. 74-171.

GOETHE, J. W. *Fausto*. Belo Horizonte: Itatiaia, 1997. (Trabalho originalmente publicado em 1808).

GREEN, A. Genèse et situation des états limites. In ANDRÉ, J. (org.) *Les états limites*. Paris: PUF, 1999.

KAPLAN, H. I.; SADOCK, B. J. (1965) *Tratado de psiquiatria*. Porto Alegre: Artes Médicas, 1999.

KERNBERG, O. (1984) *Transtornos graves de personalidade*. Porto Alegre: Artes Médicas, 1995.

KERNBERG, O. (1989) *Psicoterapia psicodinâmica de pacientes borderline*. Porto Alegre: Artes Médicas, 1991a.

KERNBERG, O. As tendências suicidárias nos estados-limite. In: BERGERET, J.; REID, W. (orgs.) *Narcisismo e estados-limite*. Lisboa: Escher, 1991b.

LAPLANCHE, J.; PONTALIS, J.-B. (1967) *Vocabulário da psicanálise*. São Paulo: Martins Fontes, 1970.

LISPECTOR, C. (1979) *A paixão segundo G.H.* Rio de Janeiro: Francisco Alves, 1995.

OGDEN, T. H. (1994) *Os sujeitos da psicanálise*. São Paulo: Casa do Psicólogo, 1996.

MATOS, O. C. F. (1978) Reflexões sobre o amor e a mercadoria. *Discurso 13 – Revista do Departamento de Filosofia da FFLCHUSP*. São Paulo: Polis, 1983.

MOISÉS, C. F. Lagartixa. In *Lição de casa*. São Paulo: Nankin, 1998.

ORGANIZAÇÃO MUNDIAL DA SAÚDE (OMS). *Classificação de transtornos mentais e de comportamento da CID - 10*. Porto Alegre: Artes Médicas, 1993.

PAINCHAUD, G.; MONTGRAIN, N. Limites e estados-limite. In: PAINCHAUD, G.; MONTGRAIN, N. *Narcisismo e estados-limite*. Lisboa: Escher, 1991.

STERN, A. Psychoanalytic therapy in the borderline nevroses. *Psychoanaytic Quarterly*, n. 14, v. 2, p. 190-198, 1945.

WIDLÖCHER, D. Clivage et sexualité infantile dans les états limites. In: ANDRÉ, J. (org.) *Les états limites*. Paris: PUF, 1999.

WINNICOTT, D. W. (1958) *Textos selecionados: da pediatria à psicanálise*. Rio de Janeiro: Francisco Alves, 1988.

WINNICOTT, D. W. (1971) *O brincar e a realidade*. Rio de Janeiro: Imago, 1975.

WINNICOTT, D. W. (1965) *O ambiente e os processos de maturação*. Porto Alegre: Artes Médicas, 1983.

Coleção Clínica Psicanalítica
Artesã Editora – Títulos publicados

A cena hospitalar: psicologia médica e psicanálise
Alfredo Simonetti

Adicções
Decio Gurfinkel

Adoção
Gina Khafif Levinzon

Adolescência
Tiago Corbisier Matheus

Autorização e angústia de influência em Winnicott
Wilson Franco

Borderline
Mauro Hegenberg

Cena incestuosa
Renata Udler Cromberg

Clinicar na atualidade
Vera Lúcia Silva Prazeres

Complexo de Édipo hoje?
Nora B. Susmanscky de Miguelez

Corpo – Em breve
Maria Helena Fernandes

Entrevistas preliminares em psicanálise – Em breve
Fernando Rocha

Estresse
Maria Auxiliadora de A. C. Arantes, Maria José Femenias Vieira

Histeria
Silvia Leonor Alonso, Mario Pablo Fuks

Narcisismo e vínculos
Lucía Barbero Fuks

Neurose obsessiva
Rubia Delorenzo

Orientação profissional
Maria Stella Sampaio Leite

Paranoia
Renata Udler Cromberg

Psicanálise da família
Belinda Mandelbaum

Psicopatia
Sidney Kiyoshi Shine

Psicoterapia breve psicanalítica
Mauro Hegenberg

Psicoterapia breve psicanalítica de casal
Mauro Hegenberg

Trabalho do negativo
Vera Lamanno-Adamo

Transexualidades
4ª edição
Paulo Roberto Ceccarelli

Transtornos de pânico
Luciana Oliveira dos Santos

Violência – Em breve
Maria Laurinda Ribeiro de Souza

Violência e masculinidade
– Em breve
Susana Muszkat

Coleção Clínica Psicanalítica
Casa do Psicólogo / Pearson - Títulos publicados

Acompanhamento terapêutico
Maurício Porto

Acontecimento e linguagem
Alcimar Alves de Souza Lima

Amor e fidelidade
Gisela Haddad

Anomia
Marilucia Melo Meireles

Autismo
Ana Elizabeth Cavalcanti, Paulina Schmidtbauer Rocha

Autorização e angústia de influência em Winnicott
Wilson Franco

Cidade e subjetividade
Flávio Carvalho Ferraz

Clínica da exclusão
Maria Cristina Poli

Clínica do continente
Beatriz Chacur Mano

Clínica do trabalho
Soraya Rodrigues Martins

Consultas terapêuticas
Maria Ivone Accioly Lins

Crise pseudoepiléptica
Berta Hoffmann Azevedo

Crítica à normalização da psicanálise
Mara Caffé

Demências
Delia Catullo Goldfarb

Depressão
Daniel Delouya

Desafios para a técnica psicanalítica
José Carlos Garcia

Desamparo
Lucianne Sant'Anna de Menezes

Disfunções sexuais
Cassandra Pereira França

Distúrbios do sono
Nayra Cesaro Penha Ganhito

Ecos da clínica
Isabel Mainetti de Vilutis

Emergências psiquiátricas
Alexandra Sterian

Ensaios psicanalíticos
Flávio Carvalho Ferraz

Entrevistas preliminares em psicanálise
Fernando Rocha

Epistemopatia
Daniel Delouya

Escritos metapsicológicos e clínicos
Ana Maria Sigal

Esquizofrenia
Alexandra Sterian

Fairbairn
Teo Weingrill Araujo

Ferenczi
Teresa Pinheiro

Hipocondria
Rubens Marcelo Volich

Idealcoolismo
Antonio Alves Xavier, Emir Tomazelli

Imitação
Paulo de Carvalho Ribeiro e colaboradores

Incestualidade
Sonia Thorstensen

Inconsciente social
Carla Penna

Infertilidade e reprodução assistida
Marina Ribeiro

Linguagens e pensamento
Nelson da Silva Junior

Morte
Maria Elisa Pessoa Labaki

Neuroses atuais e patologias da atualidade
Paulo Ritter

Neurose traumática
Myriam Uchitel

Normopatia
Flávio Carvalho Ferraz

O tempo, a escuta, o feminino
Silvia Leonor Alonso

Perversão
Flávio Carvalho Ferraz

Pós-análise
Yeda Alcide Saigh

Problemas de linguagem
Maria Laura Wey Märtz

Problemáticas da identidade sexual
José Carlos Garcia

Psicanálise e educação
Maria Regina Maciel

Psicanálise e música
Maria de Fátima Vicente

Psicoterapia de casal
Purificacion Barcia Gomes, Ieda Porchat

Saúde do trabalhador
Carla Júlia Segre Faiman

Sintoma
Maria Cristina Ocariz

Sublimação e *unheimliche*
Alessandra Martins Parente

Tatuagem e marcas corporais
Ana Costa

Tempo e ato na perversão
Flávio Carvalho Ferraz

Término de análise
Yeda Alcide Saigh

Tortura
Maria Auxiliadora de Almeida Cunha Arantes

Trama do olhar
Edilene Freire de Queiroz

Transtornos alimentares
Maria Helena Fernandes

Transtornos da excreção
Marcia Porto Ferreira

Vertentes da psicanálise
Maria Laurinda Ribeiro de Souza

Construindo ideias
e conectando mentes

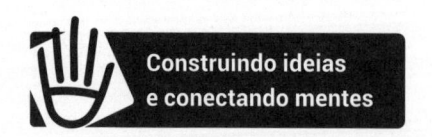

Este livro foi composto com tipografia Freight Text Pro
e impresso em papel Pólen Natural 80g.

Impressão e Acabamento | Gráfica Viena
Todo papel desta obra possui certificação FSC® do fabricante.
Produzido conforme melhores práticas de gestão ambiental (ISO 14001)
www.graficaviena.com.br